Awakening, 영적대각성 ❷

# 역적 대각성 ②

*Awakening,*

하도균 지음

소망

글을 시작하며

오늘날 많은 종교사회학자들은 자신들의 연구방법론을 가지고 기독교의 현실을 진단하며 암울한 미래를 전망하곤 합니다. 최근에 기독교가 많이 위축되어 있고, 또 성장하고 있지 못한 많은 문제들이 있기에, 현재의 데이터를 가지고 사회학의 방법론 안에 넣어 분석하면 당연히 불행한 미래의 결과가 나올 수밖에 없습니다. 심지어 얼마 전에는 미래학을 공부한 한 학자의 연구발표 때문에 기독교는 벌집을 쑤셔놓은 듯 했습니다. 조만간 기독교는 유럽의 전철을 밟을 수밖에 없다는 것이지요. 저는 이러한 통계와 경고를 무시하고 싶지 않습니다. 분명히 지금의 기독교가 처한 현실의 결과이기 때문입니다. 지금의 현실을 인정하고 반성하지 않고는 미래를 바꿀 수 없기도 합니다. 그러나 문제는 학문적으로나 현실적으로 볼 때에 미래를 바꿀 수 있을 만큼의 현재의 능력이 없다는 데 있지요. 그렇다면 어떻게 해야 합니까? 그저 다가오는 미래를 묵묵히 받아들여야 합니까?

여기에 기독교의 역설이 있습니다. 그것은 인간의 밑바닥은 하나님께서 일하실 시간이 된다는 것이지요. 이러한 이야기는 부흥사에 의해서만 외쳐지는 주제는 아닙니다. 성경이 말하고 있는 부흥운동의 핵심입니다. 많은 부흥의 역사는 인간의 불가능을 경험할 시기에 일어났습니다. 그러나 이것은 하나님께서 사람이 밑바닥에서 헤매기를 기다렸다가 일하시는 분으로 잘못 알려지면 안 됩니다. 오히려 자신의 불가능을 인정할 때까지는 전적으로 하나님을 의존하지 않는 인간에게 문제가 있는 것입니다. 부흥은 하나님께 전적으로 매달리고 의존하며 구할 때 일어납니다. 그런데 그 시간이 우리가 불가능을 경험할 때라는 것이 참으로 아이러니하다는 것입니다.

이렇게 보자면, 한국교회는 최대의 위기를 맞고 있지만, 또한 다시 한 번 부흥을 경험할 수 있는 절호의 기회를 맞이하고 있는 셈입니다. 필자 역시 지금이 한국교회의 부흥을 위한 절호의 기회라고 생각합니다. 그러면 어떻게 부흥을 준비하면 될까요? 그것 역시 성경 안에서 찾아야 합니다. 성경에 나타난 부흥의 역사를 조망하고 평가하며 원리를 찾아내어 제시할 수 있다면 그것을 토대로 지금의 이 시대를 조망하고 평가할 수 있으며, 무엇을 위해서 노력해야 하는가에 대한 답이 나온다고 보여집니다. 이에 필자는 부흥의 원리 중에 하나로서 "생명을 누리고 생명을 흐르게 하라"는 원리를 제시하고자 합니다. 부흥은 생명을 되찾는 일이며, 또한 생명을 활활 불태워 타오르게 하는 일입니다. 그렇기에 부흥을 경험하기 위해서는 누군가 암울한 시대 속에서도 깨어 생명을 불태워야 합니다. 그리고 그 넘쳐흐르는 생명이 흘러가게 해야 합니다. 이것이 부흥이 일어나는 한 방법입니다. 이스라엘이 바벨론에 무너져 예루살렘이 폐허가 되고 많은 사람들이 포로로 잡혀가 더 이상의 소망이 없다고 여겨졌을 때, 하나님은 그 시대에서도 깨어 있는 한 사람! 생명을 불태웠던 한 사람! 에스겔을 사용하셔서 이스라엘의 부흥의 환상을 보여주시고 그 부흥을 노래하게 하셨습니다.

그렇습니다! 오늘날에도 이것이 필요합니다! 우리가 잘못해서 한국의 교회가 위축되고 많은 문제들을 야기했지만, 그래서 더 이상의 정화능력도 가지지 못한다고 아우성이기도 하지만, 현실만 바라보고 자포자기할 수는 없습니다. 암담한 결과의 미래만을 바라보며 낙담하거나 비현실적이라고 애써 외면할 필요도 없습니다. 지금 이 시대에도 하나님께 생명을 가지고 반응하며 그 생명을 흘려 내보낼 수 있는 사람이 준비만 된다면, 다시 부흥을 경험할 수 있는 위대한 시기를 맞이할 수 있기 때문입니다.

독자 여러분! 여러분 당신이 바로 생명을 누리고 그 생명을 흘려보내는 주인공이 되시지 않겠습니까? 미루지 마십시오! 지금 이 책을 읽고 그 안에서 성경 부흥운동의 주역들과 그 사건의 진행을 보면서 결단하십시오! 하나님은 당신을 찾고 계십니다!

2013년 여름, 성주산 기슭에서
하 도 균

글을 시작하며 • 9

PART I.
**"십자가"** • 14

Chapter 1. 십자가에서 죽으신 예수 그리스도와 연합하라! - 십자가와 죽음 (갈2:20) • 16
Chapter 2. 부활하여 살아나신 예수 그리스도와 연합하라! - 십자가와 부활 (롬 7:4) • 35
Chapter 3. 오순절의 성령 충만을 받아라! - 십자가와 성령 충만 (행2:1-13) • 52

PART II.
**"예수를 말하고 예수를 말하게 하라!"** • 70

Chapter 4. 예수를 경험하라! (이사야 61장 1-3절) • 72
Chapter 5. 예수를 예배하라! (마태복음 16장 13-20절) • 103
Chapter 6. 예수의 증인이 되라! (사도행전 10장 1-48절) • 127

## contents

PART III.
**"생명을 누리고 생명을 흐르게 하라!"** •158

Chapter 7. 생명 되신 예수 그리스도 (요한복음 20장 31절) •160
Chapter 8. 생명을 누리라! (요한복음 1장 1-9절) •187
Chapter 9. 생명을 흘려보내라! (요한복음 1장 6-8절) •210

1. 십자가에서 죽으신 예수 그리스도와 연합하라! - 십자가와 죽음 (갈2:20)
2. 부활하여 살아나신 예수 그리스도와 연합하라! - 십자가와 부활 (롬 7:4)
3. 오순절의 성령 충만을 받아라! - 십자가와 성령 충만 (행2:1-13)

PART 1

"십자가"

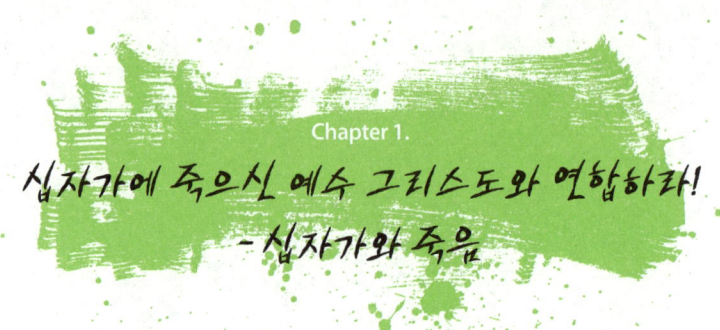

## Chapter 1.
## 십자가에 죽으신 예수 그리스도와 연합하라! - 십자가와 죽음

갈라디아서 2: 20

20 내가 그리스도와 함께 십자가에 못 박혔나니 그런즉 이제는 내가 사는 것이 아니요 오직 내 안에 그리스도께서 사시는 것이라 이제 내가 육체 가운데 사는 것은 나를 사랑하사 나를 위하여 자기 자신을 버리신 하나님의 아들을 믿는 믿음 안에서 사는 것이라

왜 예수를 믿는데도 삶이 변화되지 않습니까? 그것은 우리의 죄된 자아가 십자가를 통과하지 않았기 때문입니다. 자아는 '나, 자기, 인격'이라고 표현될 수 있는데, 이 자아는 죄로 물들어 있는 자아입니다. 이 죄된 자아가 십자가를 통과할 때 온전한 변화를 경험할 수 있습니다. 다른 어떤 것보다 십자가 안에서 더 깊게 다루어져야 할 부분이 바로 이 죄 된 자아입니다. 죄 된 자아의 중심이 십자가를 통하여 바뀌어져야 하는 것입니다. 그렇다면 죄 된 자아를 십자가에 통과시키는 방법에는 어떠한 것들이 있을까요? 본 장에서는 이러한 질문을 중심으로 그 답을 제시해 나가려 합니다.

예수님은 십자가에서 죽으시고 부활하심으로 모든 승리를 다 이루셨습니다. 그래서 십자가는 모든 승리의 중심이라고도 할 수 있습니다. 구체적으로 십자가는 죄에 대한 승리의 중심이 되고, 사단에 대한 승리의 중심이 되며, 육체에 대한 승리의 중심이 되고, 세상에 대한 승리의 중심이 됩니다. 우리가 십자가 앞에 나와 죄에 대해서 죽어질 때, 하나님의 의에 대한 세계가 열려집니다. 그 하나님의 공의로운 세계, 하나님의 의가 어떤 것인지 경험됩니다. 그리고 사단이 이미 십자가에서 패배한 것을 믿고 십자가로 사단을 처리할 때, 사단이 가져오는 죽음의 정서가 예수, 생명의 정서로 바뀝니다. 또한 십자가 앞에서 육체에 대해서 죽으면 죽을수록 성령의 충만하심을 누리게 됩니다. 그리고 이 세상을 십자가에 못 박을수록 천국이 보이고 천국이 누려지는 것입니다.

그러나 이러한 승리를 통해서 이루어야 할 목표가 있습니다. 그것은 십자가에서 내 자아를 처리하는 일입니다. 내 죄 된 자아가 십자가에서 온전히 죽어짐을 통하여 십자가에 있는 모든 것을 다 누리는 것이 궁극적인 목표가 되어야 하는 것입니다. 어느 한 부분만 죽어서는 안 됩니다. 앞에서 말한 죽음들과 승리들은 우리를 공격하거나 유혹하는 세력, 또는 죄 된 자아의 대표적인 부분들의 죽음과 승리를 말합니다. 그러나 그 과정을 통하여 우리의 죄 된 자아, 내 자아가 온전히 죽어져야 합니다. 바울도 "나는 날마다 죽노라" 라고 선언하며 그 훈련을 계속하였던 모습을 볼 수 있습니다. 그러므로 십자가를 통해서 궁극적으로 죽어져야 하는 것은 내 자아, 내 죄 된 자아라는 것을 기억해야 합니다.

### 나의 죄 된 자아를 십자가에 못 박아야 한다

그리스도인이라면 예수 안에 능력이 있다는 것을 부인할 사람은 없을 것입니다. 십자가 안에 능력이 있다는 것을 찬양도 합니다. 그런데 지식적으로 아는 것과 경험적으로 아는 것과는 차이가 있습니다.

성경에서 '안다' 라고 하는 말이 히브리어로는 "יָדַע(야다)", 헬라어로는 "γινωσκω(기노스코)" 라고 합니다. 이 말은 지식적으로 아는 앎이 가슴으로 내려와서 경험되어지는 것을 말합니다. 경험적으로 완전히 알아간다는 말입니다.

예수 안에, 십자가 안에 능력이 있는데 왜 우리의 신앙생활에는 그러한 능력이 나타나지 않을까요? 지식적으로는 알지만 그 지식이 경험으로 체득되지 못했기 때문이 아닐까요? 사람들이 예수를 만났다고 하는데, 십자가를 경험했다고 하는데도 큰 변화가 없는 경우들이 많이 있습니다. 만약 일반 승용차가 15톤짜리 트럭과 부딪혔다고 한다면 그 승용차가 멀쩡할 수 있을까요? 그럴 수는 없을 것입니다. 그런데 15톤짜리 트럭보다 더 위대한 예수와 만났고, 그 예수와 부딪혔는데 변화가 없다고 한다면 부딪힌 것이 거짓말이든지, 예수가 가짜이든지 둘 중 하나가 아니겠습니까? 그렇다면 무엇이 가짜일까요? 부딪혔다고 하는 것이 가짜일 것입니다. 왜냐하면 진짜로 예수를 만난 사람들은 모두 변화되었기 때문입니다. 부딪히지도 않았는데, 그것을 부딪쳤다고 믿고 있기 때문에 역사가 일어나지 않는 것이 아니겠습니까?

예수를 믿고 십자가를 경험한다고 하는 것은 그저 교회만 왔다 갔다 하는 것을 의미하지 않습니다. 한두 번 십자가를 붙잡고 눈물을 흘리는 것을 의미하지 않습니다. 십자가를 경험한다고 하는 것은 나의 자아와 인격이 십자가를 통과하면서 온전히 죽어지는 것을 의미합니다. 그럴 때 진정한 변화를 경험할 수 있는 것입니다.

많은 사람들이 자아는 멀쩡히 십자가 앞에 두고, 자신 안에 있는 죄만 씻길 원합니다. 십자가 앞에 나와서 자신의 죄를 용서해달라고 간구합니다. 그러면 신실하신 예수님께서는 약속대로 죄를 용서해주십니다. 그래서 그 순간은 거룩해집니다. 그런데 시간이 지나면 또 죄를 짓습니다. 은혜가 있을 때는 죄에 민감하기 때문에 죄를 짓고 나면 주님 앞에 곧바로 나아갑니다. 그런데 이런 일이 반복되다 보면 면역이 생겨서 '또 나가야 돼? 어차피 나갈 텐데 모아서 한꺼번에 처리해야지' 라고 생각하기 시작합니다.

그러면서 죄를 모읍니다. 그렇게 이틀에 한 번, 삼일에 한 번씩 십자가 앞에 나가기 시작합니다. 왜 계속해서 십자가 앞에 나가지 못합니까? 자아가 바뀌지 않아서 그렇습니다. 십자가를 이렇게 경험하니까 능력이 없는 것입니다.

그렇기에 사람들이 십자가를 경험했다고 하는 것이 죄를 용서받고 깨끗한 상태에서 성령의 임재를 한 번 경험한 것이 전부일 수도 있습니다. 그런데 그것이 마치 십자가의 모든 것을 경험한 것인 양 착각할 때가 있습니다. 위대한 예수와 부딪친 것 같지만, 아무런 큰 변화가 없으니까 말로는 위대하다고, 아름답다고, 능력이 있다고 하는데, 사실은 아무것도 아닌 것처럼 살아가고 있는 것입니다. 이것이 우리의 문제라고 생각합니다.

그래서 말씀드리고 싶은 것이 자아를 십자가에 못 박으라는 것입니다. 십자가에 못 박아야 할 내 자아가 무엇입니까? 바로 죄 짓는 자아입니다. 나로 하여금 죄를 짓게 만드는 원동력인 죄 된 자아입니다. 죄를 짓게 하는 원동력이 해결되어지면 얼마나 좋겠습니까? 그때 세상과 나는 간 데 없고, 주님만 보이는 것입니다. 그리고 그 위대하신 주님 안에서 내 존재 자체가 바뀌는 놀라운 역사가 일어나는 것입니다. 우리가 죄에 대해서도 알고, 용서받는 방법도 알고, 십자가 앞에 나가면 죄 사함을 받고 능력을 경험하는 것도 알고 있지만, 여전히 세상 사람들과 다를 바 없이 살아가는 이유는 나의 죄 된 자아가 십자가에서 온전히 못 박아지지 못했기 때문에 그렇습니다.

우리의 신앙의 기복이 심한 이유도 마찬가지입니다. 내 죄 된 자아가 십자가에 못 박히지 않아서 그렇습니다. 여러분, 기독교의 모든 훈련의 마무리는 죄 된 자아가 십자가에 못 박히도록 도와주는 것입니다. 십자가에서 죽으신 예수 그리스도와 연합한다는 것이 무엇을 말하는 것입니까? 그것은 십자가에서 예수와 함께 나도 죽는 것을 말합니다. 내 죄 된 자아가 죽는 것을 말하는 것입니다.

### 우리의 자아가 재창조되어야 한다

도너 박사는 "그리스도의 대속의 특징은 인격을 억누르는 것이 아니라 새롭게 만드는 데 있다."고 이야기합니다. 많은 사람들이 변화를 경험하지 못하는 것은 죄 짓는 내 인격을 "죄 짓지 마, 하나님이 죄 짓는 것을 싫어해!" 하며 억압해서 막아 놓기 때문입니다. 억압하고 있는 죄 된 자아는 조금만 상황이 바뀌면 튀어나와 또 죄 짓게 만듭니다. 다시 말하면, 인격을 누르고 성령이 운행하도록 하는 것은 진정한 성령의 사람이 아니라고 하는 것입니다.

예수님은 그리스도인들이 은혜 안에 거하는 것으로 만족하지 않습니다. 왜냐하면 십자가에서 이루어놓으신 사건의 궁극적인 목적은 우리가 구원받는 데만 있는 것이 아니라 우리의 자아가 완전히 새로운 존재로 재창조되는 데 있기 때문입니다. 실제로 성령은 내 안에 있는 옛 사람의 기능을 소멸시키시고, 순수한 실재를 조성함으로 새로운 인격을 창조하는 일을 감당합니다. 성경 주석가로, 성경학자로 유명한 앤드류 머레이 박사는 이렇게 이야기 합니다.

"하나님의 영은 인격을 가진 영으로 우리 안에 들어오셔서 우리의 인격과 생명의 근본이 된다는 이 말씀은 매우 중요하고, 풍성한 진리의 말씀이다. 성령은 내 안에서나 내가 의식하고 있는 내면의 자아 속에 단순히 공간으로만 존재할 뿐만 아니라, 새로운 인격 안에 들어오사 새롭고 신적인 창조의 원리로 내 안에 거하신다. 전에도 그리스도 안에 계셨고, 현재도 그리스도 안에 계시는 하나님의 영이 곧 나의 영이요, 그리스도의 깊은 자아가 나의 속사람의 자아가 되는 것이다."

그래서 새로운 창조입니다. 성령이 들어오심으로 말미암아, 그 십자가의 대속의 사건을 받아드림으로 말미암아 우리가 궁극적으로 이루어야 할 목표는 구원받고 끝나는 것이 아니라 새로운 자아의 창조입니다. 하나님은 우리의 자아를 새롭게 창조하시길 원하십니다. 그 힘의 원동력이 뭡니까? 성령입니다. 성령은 능력으로 우리 안에 있는 모든 것들을 새롭게 만드시는 일을 감당하십니다. 그래서 우리는 십자가를 통해서 비춘 그 빛으로 말미암아 바울 사도의 자아가 어떻게 바뀌었는지 명확하게 알 수 있습니다.

"내가 그리스도와 함께 십자가에 못 박혔나니 그런즉 이제는 내가 사는 것이 아니요 오직 내 안에 그리스도께서 사시는 것이라 이제 내가 육체 가운데 사는 것은 나를 사랑하사 나를 위하여 자기 자신을 버리신 하나님의 아들을 믿는 믿음 안에서 사는 것이라"

이것은 바울이 새로 창조된 인격을 가지고 선언한 것입니다. 갈라디아서 2장 20절의 핵심이 뭡니까? 내가 산다는 것 아닙니까? 그런데 내가 사는 것이 아니라, 내 속에 계신 예수 그리스도께서 사신 것이라고 말합니다. 왜냐하면 그 영이 나로 하여금 새로운 자아를, 새로운 인격을 창조하셨기 때문입니다.

고린도전서 7장 10절에서는 바울 사도가 이렇게 이야기합니다.

10 결혼한 자들에게 내가 명하노니(명하는 자는 내가 아니요 주시라) 여자는 남편에게서 갈라서지 말고

고린도전서 15장 10절에서는 다음과 같이 이야기합니다.

10 그러나 내가 나 된 것은 하나님의 은혜로 된 것이니 내게 주신 그의 은혜가 헛되지 아니하여 내가 모든 사도보다 더 많이 수고하였으나 내가 한 것이 아니요 오직 나와 함께 하신 하나님의 은혜로라

내가 일했지만, 누가 하신 것입니까? 하나님이 하신 것입니다. 이것이 바로 새롭게 창조된 인격 안에서 고백할 수 있는 말입니다. 옛 사람, 내 옛 자아를 가지고는 이렇게 고백하지 못합니다. "내가 일했노라. 하나님이 하셨지만, 나도 함께 일했어." 라고 생각한다면, 이것은 완전히 죽은 것이 아닙니다. "내가 명하노라. 하나님이 명하신 것이지만, 나도 그럴 자격이 되지." 라고 말한다면, 아직 안 죽은 것입니다. 내가 들어가면 안 됩니다. 나의 옛 자아는 완전히 죽어지는 것입니다. 바울 사도는 서신서들을 통해서 이 새롭게 창조된 인격을 가지고 하나님이 어떻게 자신을 끌어가시는지를 잘 표현하고 있습니다.

그러면 우리의 죄로 물든 인격이 재창조되기 위해서는 어떻게 해야 합니까? 나의 죄 된 자아가 재창조되기 위한 유일한 방법은 예수님과 같이 십자가 위에서 내 자아가 죽어지는 것 밖에 없습니다. 이것이 기독교의 중요한 핵심입니다. 내 자아가 십자가에 죽어봐야 그 십자가에서 하나님이 이뤄놓으신 구속의 사건이 얼마나 위대한 사건인지, 얼마나 엄청난 사건인지 알 수 있습니다. 그런데 내 자아가 십자가를 통과하지 못하고 죄만 통과시키니까 역사가 일어나도 미비하게 일어나는 것입니다.

그렇다면 예수님께서 우리로 하여금 우리 안에 있는 인격, 자아를

재창조하실 수 있도록, 우리의 자아를 내놓아야 하는데, 이 일을 어떻게 가능하게 할 수 있습니까?

## 자아가 십자가에 통과한다는 것은 무엇을 말하는가?

저는 먼저, 우리의 자아를 십자가 앞에 내놓고 통과시킨다고 하는 것은 일회적인 사건이 아니라는 것을 말씀드리고 싶습니다. 제가 십자가를 전하면서 계속 혼란스러웠던 것이 그 부분이었습니다. 저도 제 자아를 십자가 위에 통과시키기 위해서, 죽기 위해서 얼마나 많이 노력했는지 모릅니다. 그래서 죽어진 경험이 있었습니다. 그런데 시간이 지나니까 다시 튀어나왔습니다. '난 죽었다고 생각했는데 왜 또 다시 튀어나오는가? 이 부분을 어떻게 해석해야 될 것인가?' 생각하며 성경을 보기 시작했습니다. 그런데 제가 결론적으로 말씀드리고 싶은 것은 우리의 자아를 십자가에 통과시킨다고 하는 것은 일회적인 사건으로 끝나는 것이 아니라는 사실입니다.

자아를 십자가에 통과시킨다고 하는 것은 성령께서 조명하셔서 '이것이 너의 못난 자아다. 죄 된 자아다.' 라고 보여주실 때마다 십자가에 못 박는 행위가 반복적으로 일어나는 것입니다. 그러면 지금 이 순간 여러분들이 하셔야 될 일이 있습니다. 이 책을 읽어 가시면서 성령께서 여러분 가운데 조명해 주시는 죄 된 자아가 있다면 십자가에 못 박을 수 있길 바랍니다.

그런데 그렇게 한 번 못 박혀지면, 다음부터는 지속적으로 그 일을 할 수 있습니다. 그리고 내 죄 된 자아가 십자가에 못 박아지면 못 박아질수록 영적인 세계가 열립니다. 나는 죄 된 자아의 일부분을 십자가에 못 박았을 뿐인데, 하나님은 그 순간 너무나 엄청난 일들을 하십니다. 그래서 저는 하나님께서 얼마나 우리의 죄 된 자아가 십자가 위에서 죽어지기를 원하시는가를 깨달을 수 있었습니다.

성령께서 여러분들에게 조명해주시는 그 죄 된 자아를 십자가에 못 박을 것을 결단하십시오. 그리고 이제까지 지속적으로 내 삶 가운데 하나님께서 "너는 이것을 고쳐야지, 내려놓아야지" 하셨던 부분이 있다면, 그 부분도 내려놓을 수 있길 원합니다. 하나님께서 보여주신 그 부분만이라도 십자가에 못 박으실 수 있다면 그 일들을 통해서 하나님은 엄청난 일들을 행하실 것입니다.

### 아포스네스코(ἀποθνήσκω), 완전히 죽다

바울 사도는 '죽는다' 라는 표현을 씀에 있어서 크게 세 가지 단어를 사용했습니다. 그 중의 첫 번째 단어는 '아포스네스코(ἀποθνήσκω)' 라는 단어입니다. 이 단어는 '죽다, 소진하다. 다 죽게 되었다' 라는 의미가 있습니다. 이 단어는 로마서 6장 1-2절에 기록되어 있습니다.

"그런즉 우리가 무슨 말을 하리요 은혜를 더하게 하려고 죄에 거하겠느냐 그럴 수 없느니라 죄에 대하여 죽은 우리가 어찌 그 가운데 더 살리요"

여기에서 '죽은' 이라고 쓰여진 헬라어의 기본형이 '아포스네스코

(ἀποθνήσκω)' 입니다. 이 말은 '완전히 죽어서 이미 다 죽고 끝나버렸다'는 의미입니다. 이 말씀에서 '죄에 대해서 죽은 우리' 라는 말은 세례 받았을 때 이미 너희가 죄에 대해 죽었는데, 지금 너희가 다시 죄를 짓는다는 이야기입니다. 그래서 바울 사도가 '죄에 대해서 죽은 너희가 어떻게 그럴 수 있느냐?'고 말하는 것입니다. 여기에서 죽었다고 하는 의미는 십자가의 능력이 경험적으로 전부 다 나타났다고 하는 것이 아닙니다. 단순한 어떤 위치를 가르쳐주고 있습니다. 그리스도의 죽음과 연합되어 있는 가장 기본적이고 중심적인 우리의 영적인 위치를 이야기해 주는 것입니다.

초대교회에서 세례가 어떤 의미였는지 이미 말씀드렸습니다. 초대교회 당시 세례를 받는다고 하는 것은 죽을 각오를 하고 기독교에 입교하는 것을 의미했습니다. '내가 황제를 믿는 로마 군인들에게 잡혀간다고 할지라도 기독교를 선택하겠습니다.' 라는 각오로 세례를 받았습니다. 그 세례는 '죄에 대해서 죽고, 의에 대해서 살아 예수와 연합한다'는 의미였습니다.

그러한 세례를 받았는데 계속해서 죄를 짓는 나를 발견하게 되는 것입니다. 죽을 수도 있는 상황 속에서도 예수를 선택하고, 그 안에서 목숨을 걸고 신앙생활을 하는데 결단한대로 살지 못하고 죄를 짓는 것입니다. 이 문제를 해결하기 위해서 바울 사도가 제시한 실제적이고, 경험적인 지침이 무엇입니까? 바로 '우리의 자아가 십자가를 통과하는 것'이라고 이야기하는 것입니다.

바울 사도는 십자가에서 자신의 죄 된 자아를 통과시켜 보았습니다. 그리고 그 안에 있는 능력들을, 생명들을 경험해 보았습니다. 그렇기에 바울 사도는 로마에 있는 교인들에게도 동일하게 '너희들 안에 반복적으로 죄짓도록 만드는 자아를 십자가에 통과시켜야 한다'고 이야기하고 있는 것입니다. 그런데 이것은 '이미 너희들은 죽은 자' 라는 것을 전제하고 있는 것입니다.

이 전제가 우리 안에 깊이 깔려 있을 때, 우리 안에 다가오는 마음이 있습니다. 그것은 갈등입니다. 무엇에 대한 갈등입니까? 나는 죽었는데 왜 또 죄를 짓는가? 내 안에는 아직도 죄가 많은데 정말 내가 죽은 걸까? 여기에 대한 갈등이 있게 됩니다.

저는 이 말씀을 묵상하다 갈등이 굉장히 심했습니다. "그렇지. 내가 세례 받을 때 그렇게 받았는데, 내가 구원 받았을 때 그렇게 받았는데. 그렇지. 내가 세례를 줄 때, 그렇게 확답을 받고 세례를 주는데. 그럼 나는 죄에 대해서 죽은 자야. 그런데 내 안에 죄에 대해서 죽지 못한 모습이 아직도 있네?" 여러분, 여기에 대한 갈등이 있어야 합니다. 갈등이 있어야 해결이 있습니다. 여기에 대한 갈등이 없으면 해결이 있을 수 없습니다.

### 네크루(νεκροJω), 죽도록 만들다

바울 사도가 죽음에 대해서 쓰는 두 번째 단어는 '네크루(νεκροJω)'라는 단어입니다. 이 단어는 '죽이다, 죽도록 만들다' 라고 하는 의미입니다. 이 단어는 골로새서 3장 5절에 기록되어 있습니다.

5 그러므로 땅에 있는 지체를 죽이라 곧 음란과 부정과 사욕과 악한 정욕과 탐심이니 탐심은 우상 숭배니라

여기서 '죽이라' 라고 하는 말은 '네크루(νεκροJω)'인데, 이 단어는 몸의 어떤 지체들과 연관되어서, '죽도록 만들다' 라는 의미가 있습니다. 무엇과 연관된 지체입니까? 죄와 연관된 지체들입니다. 곧 육신의 지체들이 예수와 함께 죽은 사실을 토대로 조화를 이루어 하나하나 죽음에 넘기워져야 한다는 것을 표현하고 있습니다. 이 육신의 지체들이 다시는 활동할 수 없도록 십자가의 능력을 통해 죽도록 만들어져야 한다는 것입니다.

이것은 또한 이렇게 해석할 수도 있습니다. 나는 이미 죄에 대해서 죽은 자인데, 내 안에 자꾸 죄에 대한 행실이 보입니다. 그래서 죄에 대한 행실이 들어날 때마다 어떻게 하라는 겁니까? 죽이라는 것입니다.

바울 사도는 '아포스네스코(ἀποθνήσκω)'를 사용하여 우리가 이미 죽은 자라는 전제를 이야기하고, 여기에서는 '네크루(νεκροJω)'를 사용하여 죽음을 더 구체적으로 설명합니다.

나는 이미 죽은 자인데 내 삶을 보니까 죽지 않고 사는 모습들이 있습니다. 그래서 그것들이 튀어나올 때마다 어떻게 하라는 것입니까? 그것을 가지고 십자가로 가라는 것입니다. 그리고 그 위에서 못 박으라는 것입니다. 그런데 '나는 이미 십자가에서 죽은 자입니다' 라는 전제를 가지고 다시 튀어 나온 죄 된 자아를 십자가에 못 박는 사람은 울면서 못 박습니다. 왜 그렇습니까? "하나님, 죽었는데 또 있네요. 하나

님, 이것들이 십자가에서 이미 다 죽었어야 할 것들인데, 또 튀어나왔네요. 하나님 용서해주세요." 하며 십자가에 못 박는 것입니다.

바울 사도가 '네크루(νεκροJω)' 라고 하는 단어를 쓴 것은 우리 안에는 아직도 죽지 못한 죄 된 자아가 튀어나올 수 있다고 말하는 것입니다. 그래서 그 튀어나온 것들을 가지고 십자가 앞으로 가서 못 박으라는 것입니다. 주님 앞에 미안한 마음으로, 죄스러운 마음으로 이것을 못 박는 것입니다. 죽어져야 내가 살기에, 영적으로 열려지기에 내가 그것을 가지고 십자가 앞으로 나아가는 것입니다.

### 싸나투(θανατοJω), 생명의 본질이 없어지다

마지막으로 바울 사도가 쓴 단어는 '싸나투(θανατοJω)' 라고 하는 단어입니다. 이 단어는 여러 군데에 많이 나오지만, 로마서 8장 13절에서 대표적으로 쓰이고 있습니다.

"너희가 육신대로 살면 반드시 죽을 것이로되 영으로써 몸의 행실을 죽이면 살리니"

이 구절에서 '너희가 영으로써 몸의 행실을 죽이면'의 원어적 의미는 '몸의 행실을 죽이도록 만들라'는 것입니다. 바로 여기에 사용된 단어가 '싸나투' 라는 단어입니다. '싸나투' 라고 하는 단어는 '생명의 본질이 없어지다'는 의미를 가지고 있습니다. 그런데 '네크루(νεκροJω)'와 '싸나투(θανατοJω)'를 동시에 완벽하게 나타낸 성경구절이 있습니다. 그것이 고린도후서 4장 10-11절입니다.

10 우리가 항상 예수의 죽음을 몸에 짊어짐은 예수의 생명이 또한 우리 몸에 나타나게 하려 함이라
11 우리 살아 있는 자가 항상 예수를 위하여 죽음에 넘겨짐은 예수의 생명이 또한 우리 죽을 육체에 나타나게 하려 함이라

10절에서 '예수의 죽음을 몸에 짊어짐은'에 나오는 죽음은 '네크루(νεκροJω)'라는 단어에서 파생된 '네크로시스(νενκρωσις)'라는 단어입니다. '네크루(νεκροJω)'라는 단어는 지속적으로 가져가서 죽게 만드는 것을 의미합니다. 그러면 '우리가 항상 예수의 죽음을 몸에 짊어짐은' 이란 말씀은 우리가 날마다 죽으려고 노력하는 것을 의미합니다. 우리의 죄된 자아가 죽어지기 위해 노력하는 것입니다. 여러분, 신앙생활이라고 하는 것은 교회만 오고가는 것이 아니라 날마다 내 안에 드러나는 하나님이 원치 않는 죄 된 자아를 죽이며 나가는 일입니다.

바울 사도는 내가 죽어지는 만큼 예수의 생명이 내 몸에 나타나는 것을 알았습니다. 이것은 말로 표현하는 이상입니다. 우리가 날마다 죽는 이유는 예수의 생명이 나에게 경험되기 위함입니다. 이것은 말로도 은혜스럽지만, 말 이상의 것입니다. 그 생명이 얼마나 엄청난 것인지 모릅니다. 그리고 이후에 11절의 말씀이 경험됩니다.

11절에 '우리 살아 있는 자가 항상 예수를 위하여 죽음에 넘겨짐은'에서 나오는 죽음은 '싸나토스(θajνατος)'인데, 이것은 생명의 종결로서의 죽음의 마지막 단계를 보여주고 있는 것입니다. 바울 사도가 헬라어를 쓰는데 있어서 '네크로시스(νενκρωσις),' '싸나토스(θajνατος)'를 달리

사용하며 죽음을 설명한 이유는 여기에 있습니다. 우리의 자아가 어떻게 십자가에서 처리되어질 수 있는가를 보여주고 있는 것입니다.

항상 하나님 앞에서, 세상 사람들 앞에서, 하나님이 원치 않는 나의 죄 된 자아의 모습이 튀어나올 때마다 그 죄 된 자아를 가지고 십자가 앞에 나가야 합니다. 그리고 십자가에 못 박아야 합니다. 그럴 때마다 예수의 생명이 내 안에 나타나게 됩니다. 그런데 여기서 중요한 것은 언젠가 죄가 끝이 나는 종결이 온다는 사실입니다. 바울 사도가 그 이야기를 하고 있는 것입니다.

우리가 예수의 위대함과 예수의 능력을 체험하지 못하는 이유는 우리의 자아를 이렇게 십자가에 통과시키지 못하기 때문이라는 것입니다. 그래서 예수를 믿어도, 예수가 능력이 있다는 것은 지식적으로 알고 있어도, 우리의 삶은 변화가 없는 것입니다. 우리의 삶에 변화가 없는 이유는 예수와 깊이 있게 부딪혀보지 못했기 때문입니다. 예수의 생명과 깊이 있게 부딪히기 위해서는 우리의 죄 된 자아를 가지고 날마다 십자가에 앞에 나와야 합니다. 그래서 바울 사도는 "나는 날마다 죽노라"라고 고백하고 있는 것입니다.

### 십자가에서 이뤄지는 전인격적인 변화를 경험하라

바울 사도는 십자가에서 죄 된 자아를 처리하는 과정을 아포스네스코(ἀποθνήσκω), 네크루(νεκροJω), 싸나투(θανατοJω), 이렇게 세 단계로 묘사하고 있습니다. 이렇게 상세하게 이야기할 수 있었던 것은 바울 사도가 직접 십자가에서 죽어지는 경험이 있었기 때문입니다. 바울 사도 이후에도 2,000년 기독교 역사에는 십자가에서 죄 된 자아를 처리하며 변화를 경험한 사람들이 계속 이 십자가의 진리를 전파해 왔습니다.

저는 십자가를 보면서 제 삶을 돌이켜보게 되었습니다. 제 삶을 돌이켜보니, 교회를 개척하게 하실 때가 하나님이 저를 십자가에 가장 깊게 못 박는 순간이었습니다. 세상적인 모든 허영, 모든 목표, 모든 계획들을 내 못난 자아와 함께 십자가에 못 박는 시간이었습니다. 저는 그 시간이 하나님의 계획임을 알고 철저하게 못 박히려고 노력했습니다. 세상에 어떤 것들도 돌아보지 않고, 성령께서만 나를 주관하시고, 성령의 통치와 임재하심 가운데 머무르려고 노력을 했습니다.

그런데 그렇게 십자가에서 처리한 만큼 하늘의 세계가 열어지기 시작했습니다. 첫 번째는 하나님께서 기도하는 사람들을 붙여주셨습니다. 하나님께서 그 세계를 열어 가시기 위해서 중요한 사람들을 만나게 하신 것입니다. 그리고 그 안에서 영적으로 어떻게 깊이 들어갈 수 있는지를 가르쳐주시고, 보여주셨습니다. 저는 하나님이 제게 보여주신 못난 자아의 한 부분을 가지고 십자가에 가서 못 박았는데, 하나님은 그 부분을 귀하게 보셔서 제가 못 박은 것 이상으로 하늘의 문을 여시고 천국을 경험하게 해주셨습니다. 이 땅을 살아가면서 돈이 없이도, 세상적인 능력이 없이도, 모든 것이 다 끊어졌어도 그 하나님 한 분 만으로 만족하며 능력 있게 살아갈 수 있도록 해주셨습니다.

여러분, 내 죄 된 자아를 십자가에 못 박는 일은 너무나 중요한 일입니다. 자아가 십자가를 통과해봐야 십자가의 능력이, 예수 그리스도의 십자가가 얼마나 위대한지를 직접 부딪혀서 알게 됩니다. 그렇지 않고, 죄를 지을 때만 죄를 용서해달라고 십자가 앞에 나오는 사람은 삶이 송두리째 변화되는 그런 경험은 하지 못합니다. 내 삶의 전인격적인 변화의 경험은 내 죄 된 자아가 십자가를 온전히 통과할 때만 가능한 것입니다.

초대교회 교인들은 상황이 열악했습니다. 예수를 믿으면 잡혀가기도 하고, 죽기도 하였습니다. 그들은 예수를 붙잡고 있는 그 자체가 자아가 죽어지는 경험이었습니다. 그래서 그들은 죽어진 만큼, 예수를 붙잡은 만큼 천국을 경험한 것입니다. 그들이 순교를 당하면서, 그렇게 어려우면서도 예수를 포기하지 않았던 것은 그들의 인간적인 어떠한 힘 때문이 아닙니다. 초대교인들이 로마의 박해 속에서도 예수를 포기하지 않았던 이유는 자아가 십자가를 통과하면서 경험하게 된 천국 때문입니다. 그 천국을 이 땅에서 누릴 수 있었기 때문에 예수를 포기하지 않았던 것입니다.

그래서 베드로 사도는 "너희 안에 소망에 관한 이유를 세상 사람들이 묻거든 대답할 준비를 하고 다녀라." 고 말씀합니다. 여러분, 그들에게 어떤 소망이 있었겠습니까? 숨어 있는 장소가 발견될까 전전긍긍하고, 먹을 것도 제대로 없고, 잡히면 언제 죽을지 모르는 상황이었습니다. 그런데 그들은 십자가에서 죽은 만큼 천국을 경험했습니다. 그 천국을 경험했더니 세상적인 모든 것은 없어도 하나님 한 분, 예수님 한 분이면 만족할 수 있었던 것입니다. 그 하나님의 사랑 안에서 세상을 넉넉히 이기며 살아갈 수 있었던 것입니다.

저는 오늘 날 교회에도 이것이 회복되어져야 한다고 믿습니다. 우리가 전인격적으로 예수 그리스도의 십자가 안에서 회복되어지고 변화되어져야 합니다. 여러분, 지금 성령님께서 여러분에게 조명하시는 부분들이 있으면 십자가에 내어맡기십시오. 계속해서 성령님께서 조명해 주시는 죄 된 자아의 모습들을 십자가에 못 박으십시오. 그렇게 십자가에서 온전히 죽어짐으로 말미암아 전 인격적인 새 창조의 변화를 경험하게 되시길 바랍니다.

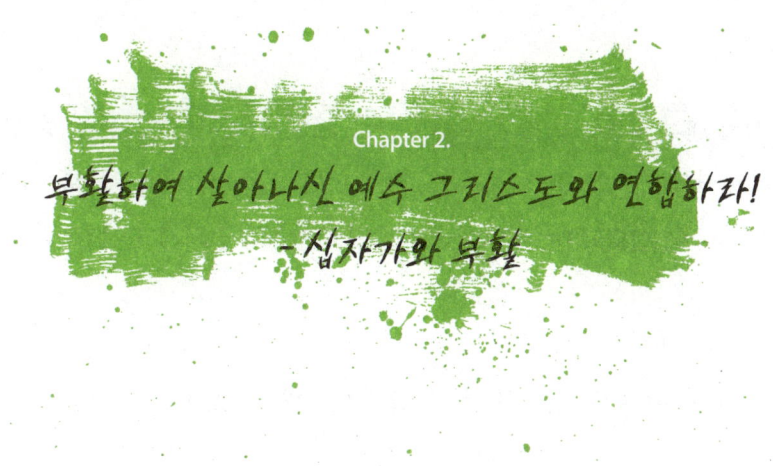

## Chapter 2.
## 부활하여 살아나신 예수 그리스도와 연합하라!
### - 십자가와 부활

**로마서 7:4**

4 그러므로 내 형제들아 너희도 그리스도의 몸으로 말미암아 율법에 대하여 죽임을 당하였으니 이는 다른 이 곧 죽은 자 가운데서 살아나신 이에게 가서 우리가 하나님을 위하여 열매를 맺게 하려 함이라

 십자가에는 양면성이 있습니다. 죽으면 죽은 만큼 다시 살아납니다. 이것이 영적인 원리입니다. 그래서 십자가를 이야기할 때 자아의 죽음만을 강조하면서, 십자가는 죽음이라고만 외치면 결국에는 한 쪽으로만 치우치게 됩니다. 죽은 다음에 일어나는 역사에 대해서는 알지 못하게 됩니다. 분명히 죽은 만큼 살아나는 역사가 있는데, 그것을 누릴 수 없는 것입니다. 그래서 지금부터 말씀드리고자 하는 것은 부활한 주님과 연합하라는 것입니다. 십자가에서 죽으신 주님과 연합해서 같이 죽으면, 그 다음에는 해야 되는 것이 있습니다. 그것은 바로 부활하신 예수 그리스도와 연합하는 것입니다. 이런 이유로, 죽으라는 말

이 절대로 어렵거나 힘든 일만은 아닙니다. 왜냐하면 죽는 순간 바로 살아나는 역사가 있기 때문입니다. 죽음과 부활, 이것은 동시에 고려되어야 할 일입니다.

### 예수 그리스도 안에서 하나님을 위한 열매를 맺어라.

"그가 죽으심은 죄에 대하여 단번에 죽으심이요 그가 살아 계심은 하나님께 대하여 살아 계심이니 이와 같이 너희도 너희 자신을 죄에 대하여는 죽은 자요 그리스도 예수 안에서 하나님께 대하여는 살아 있는 자로 여길지어다."(롬 6:10-11)

여기서의 핵심은 "그리스도 예수 안에서" 라는 부분입니다. 이 말씀대로 한다면 우리는 무엇에 대해서 죽은 자입니까? 죄에 대해서 죽은 자입니다. 그리고 누구에 대해서 살아 있는 자로 여겨야 합니까? "하나님께 대하여" 살아 있는 자로 여기라고 했습니다. 그런데 여기에 비밀이 담겨 있습니다. 내 죄 된 자아가 발견될 때마다 그 죄 된 자아를 가지고 십자가 앞에 나가서 그것을 죽였습니다. 그렇게 죄에 대해 죽어서 죽은 자로 여기고 있는데, 하나님이 "하나님께 대하여는 산 자로 여겨라"고 말씀하시는 것입니다. 그러면 어떻게 하나님께 대하여 산 자로 여길 수가 있습니까? 그 키는 바로 "그리스도 안에서" 라는 것입니다. 죄에 대해서 죽으면 하나님께 대하여 살아있는 자가 될 수 있는데, 그 조건은 "그리스도 안에서" 라는 것입니다.

그래서 지금부터 "그리스도 안에서" 라는 말의 의미가 무엇인지 풀어가려고 합니다. "그리스도 안에서" 라는 말은 부활의 관점에서 십자가를 논할 때, 그 의미를 명확하게 이해할 수 있습니다. 로마서 7장 4절의 말씀을 보겠습니다.

4 그러므로 내 형제들아 너희도 그리스도의 몸으로 말미암아 율법에 대하여 죽임을 당하였으니 이는 다른 이 곧 죽은 자 가운데서 살아나신 이에게 가서 우리가 하나님을 위하여 열매를 맺게 하려 함이라

예수 그리스도께서 우리를 대신해서 십자가에서 죽으심으로 우리는 율법에 대해 죽임을 당하게 되었습니다. 율법에 대해서 죽었다고 하는 것은 곧 죄에 대해서 죽었다고 하는 말과 같습니다. 그런데 죄에 대해서 죽은 이유는 다른 이, 곧 죽은 자 가운데서 살아나신 이, 부활하신 예수 그리스도에게 가서 하나님을 위해 열매를 맺기 위함이라는 것입니다.

여기서 '가서' 라는 말은 영어 성경에서 '연합해서,' '결합해서,' '결혼해서' 라는 단어로 번역되기도 합니다. 그래서 '가서' 라고 하는 말은 예수 그리스도와 연합하는 것으로 이해할 수 있습니다. 죄에 대해서 죽어야 하는 이유가 있는데 그것은 죄에 대해서 죽고 예수 그리스도에게 가서, 예수 그리스도와 연합해서 하나님 앞에 열매를 맺기 위함이라는 것입니다. 죄에 대해 죽고 끝나는 것이 아니라, 죽었다고 한다면 그 다음에 따라와야 하는 일이 있는데 그것은 예수 그리스도와 연합해

서 하나님 앞에 열매를 맺는 일이라는 것입니다.

앞에서 내 죄 된 자아가 십자가에서 죽어야 된다는 사실을 이야기 했습니다. 그런데 그 내용을 읽어가면서 이런 고민을 하신 분도 있었을 것입니다. "내 자아가 죽어야 한다는 것은 알겠는데, 나의 죄 된 자아가 죽었는지, 죽지 않았는지는 어떻게 알지?" 바로 이 로마서 7장 4절이 그 답이 되는 것입니다. 나의 자아가 죽었는지 죽지 않았는지 알 수 있는 방법은 바로 열매를 맺느냐 맺지 못하느냐를 보고 알 수 있는 것입니다.

### 예수 그리스도 안에서 나의 영과 예수의 영이 연합하다.

죄 된 자아가 죽는 것과 부활하여 살아나신 예수 그리스도와 연합하는 것은 같이 가는 것입니다. 그런데 예수와 연합한다고 했을 때, 무엇이 연합한다는 것입니까? 많은 사람들이 예수와 연합된다고 했을 때 무엇이 연합되는 것인지를 잘 모르고 있습니다. 나의 육신이, 나의 생각이 연합되는 것이 아닙니다. 나의 영이 연합되는 것입니다.

"주와 합하는 자는 한 영이니라.(고전 6:17)"

고린도전서 6장 17절에는 예수 그리스도와 무엇이 연합하는 것인지가 분명이 나와 있습니다. '주와 합하는 자는 한 영'이라는 것 입니다. 예수와 연합하여 하나의 영이 되었다는 것입니다. 그렇다면 로마서 7장 4절에 '예수 그리스도에게 간다, 연합한다, 합쳐진다, 결혼한다'고 하는 말은 우리의 영이 예수의 영과 합쳐져 하나가 된다는 말로 이해할 수 있을 것입니다.

그런데 하나님의 영, 성령은 들어봤는데, 나의 영이라는 것은 무엇을 말합니까? 하나님께서 인간을 창조하실 때 영적인 존재로 창조하셨다는 사실은 이미 말씀드렸습니다. 앤드류 머레이 박사는 인간의 영에 대해서 다음과 같이 말하고 있습니다.

"인간에게 영이라고 하는 기관이 있다. 그런데 영이라고 하는 기관이 하는 일은 영적인 일들을 분별하고, 하나님의 영이 들어오실 때 그 하나님의 영을 감지하고, 받아들이고, 누리고, 교제할 수 있도록 만들어진 장소이다."

하나님이 인간을 영적인 존재로 만드시고 영적인 존재로 살아가게 하셨는데, 죄로 인해 타락하면서 하나님의 영이 떠나가고 영적으로 죽게 된 것입니다. 인간의 영은 더 이상 하나님께 반응하지 못하게 되었던 것입니다.

아무리 훌륭하게 만든 물건이 있다고 할지라도 그 물건을 사용하지 못하면 어떻게 됩니까? 녹이 습니다. 마찬가지로 인간의 영도 더 이상 사용하지 못하게 되어 녹이 슨 것과 같이 되었습니다. 그런데 예수를 믿어 구원받게 되면 성령께서 구원받은 자 안으로 다시 오십니다.

그러나 인간의 영은 녹슬어 있었기 때문에 성령께 제대로 반응하지 못합니다. 그래서 이 영적인 기관을 다시 온전하게 회복시켜야 합니다. 왜냐하면 예수와 연합한다고 하는 것은 육이 연합하는 게 아니고, 혼이 연합하는 것이 아니고, 영이 연합하는 것이기 때문입니다. 나의 영과 예수의 영이 합쳐져서 하나가 되어야 하기 때문에 녹이 슨 나의 영을 다시 온전하게 회복시켜야 하는 것입니다.

분명히 기억하십시오. 우리의 죄 된 자아가 십자가를 통과해서 더 이상 죄 짓지 않으면 그 다음에는 하나님이 계획하시고 준비하신 선물들이 밀물처럼 밀려오게 되어 있습니다. 그래서 우리가 죄 된 자아를 십자가에 통과시켜서 죽이자고 이야기했습니다. 그런데 우리의 죄 된 자아가 죽으면 반드시 따라오는 것이 있는데, 부활하신 예수 그리스도와 연합하여 하나님에 대해서 산 자가 되는 것입니다. 그리고 하나님에 대해서 산 자가 되기 위해서 필요한 것이 '그리스도 안에서' 라고 하는 것입니다. 그리스도 안에서의 일차적인 의미는 지금 설명했듯이 그리스도와 연합입니다. 그리스도와 연합해야 하나님 앞에 산 자가 되는 것입니다.

### 어떻게 나의 영과 예수의 영이 하나가 되는가?

그렇다면 나의 영이 예수의 영과 하나가 된다고 했을 때, 어떻게 하나가 될까요? 내 영이 예수의 영과 연합한다고 하는 것은 어떤 의미입니까? 여기에 굉장히 중요한 의미가 있습니다. 나의 영이 예수의 영과 하나가 되기 위해서는 먼저 죄로 인한 타락으로 하나님의 영이 떠나가시면서 죽어 있던 내 영을, 이제까지는 녹슬어 일하지 못했던 영을 온전하게 회복시켜야 합니다. 내 영이 온전하게 회복되어야 예수의 영과 하나가 되게 할 수 있는 것입니다.

성경은 사람을 영, 혼, 육이라는 삼분법으로 나누기도 하고, 영혼과 육이라는 이분법으로 나누기도 합니다. 요즘에는 "사람은 삼분법, 이분법으로 나눌 수 없고, 통전적인 것이다." 라고 보는 사람들도 많이 있습니다. 그런데 성경은 사람을 이분법이나 삼분법으로 나누어서 설명합니다.

"사랑하는 자여 네 영혼이 잘됨 같이 네가 범사에 잘되고 강건하기를 내가 간구하노라."(요삼1:2) 이 말씀에서는 이분법으로 나누고 있습니다. "평강의 하나님이 친히 너희를 온전히 거룩하게 하시고 또 너희의 온 영과 혼과 몸이 우리 주 예수 그리스도께서 강림하실 때에 흠 없게 보전되기를 원하노라."(살전 5:23) 이 말씀에서는 삼분법으로 나누어 설명합니다. 그러면 영과 혼의 차이는 무엇입니까? 먼저 혼이란 죄된 자아, 우리의 본성적인 요소를 말합니다. 그리고 그 본성적인 요소 위에 영적으로 반응하는 기관이 영입니다.

내 안에 있는 이 영은 하나님 앞에 반응하는 기관인데 혼, 자아에 깊게 쌓여 있었기 때문에 하나님께 반응하지 못했던 것입니다. 내 영이 예수의 영과 결합해서 하나가 되기 위해서는 먼저 자유로워져야 합니다. 내 영이 자유롭지 못한데 어떻게 예수의 영에게 갈 수 있겠습니까?

예를 들어 돌 속에 철이 섞여 혼합되어 있을 때, 아무리 강력한 자석으로 철을 떼어내려고 해도 철만 분리할 수 없는 것과 마찬가지입니다. 우리 안에도 혼과 영이 내재되어 있습니다. 예수와 연합하는 것은 혼과 영 모두가 연합하는 것이 아닙니다. 영만 따로 분리되어서 예수의 영과 하나가 되어야 합니다. 그렇다면 예수의 영과 우리의 영이 하나가 되기 위해서 해야 될 일이 무엇입니까? 그것은 바로 혼에서 영을 분리하는 일입니다.

　혼이라고 하는 것은, 죄 된 자아입니다. 즉, 쉽게 생각하면 우리가 이제까지 '나' 라고 생각해온 것입니다. 본성적인 나입니다. 그런데 본성적인 나는 이 죄 된 세상에서 살아왔기 때문에 죄에 물들어 있고, 죄에 찌들어 있습니다. 그런 혼에서 영이 분리되어져야 합니다. 죄로 물든 혼에서 분리 되어 영이 자유로울 때, 하나님의 영에 반응해서 예수와 하나가 될 수 있습니다.

　혼적인 요소인 나의 죄 된 자아를 십자가에 못 박는 것은 결국 나의 영을 혼으로부터 분리하는 일이 됩니다. 나의 죄 된 자아가 십자가에서 죽어질 때 나의 영은 혼에서 분리되어 자유롭게 될 수 있는 것입니다.

　이렇게 영이 분리된 사람은 하나님의 말씀이 선포되고 성령께서 역사하실 때 그 성령에 민감하게 반응하고, 하나님의 말씀에 민감하게 반응할 수 있습니다. 영이 아직도 그 자아, 혼과 붙어 있는 사람은 아무리 성령이 역사하시고, 아무리 놀라운 메시지가 선포되어져도 따라오지 못합니다.

　저는 여러분이 영적으로 민감한 사람들이 될 수 있길 바랍니다. 영도 계발해야 됩니다. 우리의 영이 하나님의 영에 반응할 수 있도록 자주 계발해야 합니다. 그 계발이 뭡니까? 죄 된 자아를 십자가에 못 박으면서 하나님의 영을 간구하고, 그 하나님의 영에 반응해서 찬양하고, 기도하는 그 모든 행위가 영을 계발하는 것입니다.

## 하나님의 말씀이 혼과 영을 분리한다

그런데 도대체 보이지도 않는 혼과 영을 어떻게 분리시킬 수 있을까요? 보이지 않는 혼과 영을 구체적으로 분리시킬 수 있는 방법이 있습니다. 그것은 바로 하나님의 말씀입니다.

"하나님의 말씀은 살아 있고 활력이 있어 좌우에 날선 어떤 검보다도 예리하여 혼과 영과 및 관절과 골수를 찔러 쪼개기까지 하며 또 마음의 생각과 뜻을 판단하나니."(히4:12)

지금 내 영이 녹슬어져서 하나님의 영에 민감하게 반응하지 못하고 있습니다. 그리고 제대로 기능을 발휘하지 못합니다. 그래서 내 영을 혼적인 요소에서, 못된 자아에서 떼어놓아야 합니다. 그런데 혼에서 영을 떼어내는 방법이 하나님의 말씀입니다. 그리고 하나님의 말씀가운데서 특별히 십자가의 말씀이 본질적으로 영을 혼에서 떼어 놓을 수 있는 말씀이 됩니다. 그래서 여러분이 말씀을 들으면서 "주님의 말씀으로 내 못난 자아를 죽입니다. 주님의 말씀으로 나의 죄 된 혼적인 요소를 십자가에 못 박습니다." 라고 하는 것은 나의 혼과 영을 분리하는 작업이라고 할 수 있습니다.

영적으로 무딘 사람은 하나님의 영이 가까이와도 반응하지 못합니다. 예를 들면 차를 후진할 때, 경보기가 소리를 내도 듣지 못하여 계속 후진하다가 사고를 당하는 것과 같다고 할 수 있습니다. 이런 사람은 주의 영이 가까이와도 반응하지 못하기 때문에 눈물이 나거나 마음이 뜨거워지지 않을 수 있습니다. 그러나 저쪽에서 "주여"하고 기도하는 소리를 듣고도 내 마음이 뜨거워지고 눈물이 나면, 내 영이 지금 자유롭다는 증거가 됩니다.

이미 간증한 것처럼 제가 개척할 때 하나님께서는 제 못난 자아를 십자가에 못 박을 수 있도록 해 주셨습니다. 그때 주님이 저에게 "너 이것은 잘못된 거야. 이것은 하지 마!" 라고 가르쳐 주시는 것이 있었는데 제가 결단하지 못했던 것이 있었습니다. 그러던 어느 날 저는 하나님께 "주님, 다시는 하지 않겠어요." 라고 말씀드리고 온전히 결단했습니다.

그리고 다시는 하지 않았습니다. 그 시간들은 내 영을 혼적인 요소에서 떼어 내는 시간이었습니다. 그때 제 영이 자유로워짐을 느낄 수 있었습니다.

그때는 제가 너무 힘든 상황이었기 때문에 주님이 한순간도 저를 붙잡아 주지 않으시면 못 살 것 같았습니다. 하나님의 임재가 없으면 한 순간도 못 살 것 같았습니다. 그래서 자는 동안에도 하나님의 임재 가운데 있게 해달라고 기도하기 시작했습니다. 그때는 자기 전에 극동방송을 틀어 놓고 자는 것이 습관이었습니다. 왜냐하면 자더라도 내가 잠시 잠에서 깨어나면 찬양이 흘러나오는 것을 듣고 싶었기 때문이었습니다.

그렇게 기도하고 찬양을 틀어 놓고 자니까 꿈속에서도 하나님을 찬양하고 있었습니다. 아침에 일어났는데 여전히 그 찬양을 계속 부르고 있었습니다. 몸은 자고 있었지만 영은 밤새도록 하나님을 찬양하고 있었던 것입니다. 그때 저는 "이것이 영으로 부르는 찬양이구나. 이것이 내 영으로 하나님을 찬양하는 것이구나." 라는 것을 깨달을 수 있었습니다.

내 영이 주를 찬양하는 것은 나의 죄 된 자아가 십자가에서 죽어져 그 혼과 영이 분리되어지고 영이 자유함을 얻어 예수의 영과 하나가 될 때 가능합니다. 그리고 그때 또 일어나는 일이 있습니다. 그것은 내 영이 자유로워져서 하나님의 영에 반응하며 나의 혼도 이끌어가는 것입니다. 인간의 혼적인 요소는 원래 주체성이 없습니다. 죄 가운데 살았기 때문에 죄로 물든 것뿐입니다. 그런데 내 영이 하나님의 영과 반응하며 나를 이끌어 가면 이제는 혼도 영을 따라가게 되는 것입니다.

이미 말씀드렸듯이 혼은 억압해서 해결될 문제가 아닙니다. 혼이 죽어지면 내 안에서 새로운 창조가 일어납니다. 내 안에 있는 영이 하나님의 영을 따라갈 때마다 이 혼도 따라오게 되어 있습니다. 그래서 이 재창조된 혼이 하나님의 영을 따라가는 나의 영에 길들여지는 것입니다. 이처럼 나의 영이 예수의 영과 연합되어 온전히 그 예수의 영에 민감하게 반응하게 될 때, 나의 영혼이 새롭게 하나가 됩니다. 이제 내 혼은 더 이상 죄로 물들지 않고 하나님에게 반응하는 내 영을 따라서 온전히 하나가 되는 것입니다.

여러분들이 제게 이런 질문을 던질 수도 있을 것 같습니다. "목사님, 성령이 역사하시면 혼에서 영을 분리하지 않아도 모두가 잘 반응하던데요?" 그런데 잘 보십시오. 성령이 역사하실 때, 먼저 어떤 역사부터 일어나는지 아십니까? 회개의 역사부터 일어납니다. 1907년 평양대부흥 운동도 회개운동으로부터 시작되었습니다. 그런데 회개한다는 것은 무엇을 의미합니까? 죄로부터 돌아서는 것을 의미합니다.

우리의 죄 된 자아를 십자가에 못 박는 일입니다. 혼과 영이 분리되는 것입니다. 우리의 영이 혼과 분리되었기 때문에 성령께 반응하여 역사가 일어나는 것입니다.

지금까지 "그리스도 안에서"라는 말이 일차적으로 예수 그리스도와 연합하는 것이라는 것을 말씀드렸습니다. 그런데 예수 그리스도와 연합한다고 했을 때, 그 연합은 영의 연합이이라는 것도 살펴보았습니다. 그리고 예수의 영과 우리의 영이 연합한다고 했을 때, 우리의 영이 어떻게 예수의 영과 연합하는지도 설명해 드렸습니다.

## 예수 그리스도 안에서 뿌리를 내리라

"예수 그리스도 안에서"라는 말의 두 번째 의미가 있습니다. 그것은 뿌리를 내리는 것입니다. "그러므로 너희가 그리스도 예수를 주로 받았으니 그 안에서 행하되 그 안에 뿌리를 박으며 세움을 받아 교훈을 받은 대로 믿음에 굳게 서서 감사함을 넘치게 하라."(골2:6-7)

십자가 의미 안에서 "예수 그리스도 안"이라고 하는 말을 볼 때, 분명히 놓치지 말아야 할 핵심이 있습니다. 그것은 바로 십자가를 통한 예수 그리스도와의 연합이라고 하는 것이 절대로 움직여서는 안 될 영적 기초와 뿌리라고 하는 것입니다. 이것은 한 번 연합하고 끝나는 것이 아닙니다.

저는 여기에서 영적인 성장의 비결을 봅니다. 나무는 뿌리를 깊게 내리면서 성장해갑니다. 마찬가지로 개인의 신앙도 뿌리가 깊게 내리면서 성장해 나가는 것입니다. 만약 신앙의 성장이 더디다고 한다면 그 이유가 무엇이겠습니까? 여러 가지 이유가 있겠지만, 그 중에서 제가 말씀 드릴 수 있는 한 가지는 '뿌리가 깊지 못하기 때문이다' 라는 것입니다. 뿌리가 깊이 내려지지 않으면 성장할 수가 없습니다. 제 연구실에는 화분들이 있습니다. 그 화분에 심겨진 화초들이 지금은 잘 자라지만 어느 정도 지나고 나면 더 이상 자라나지 못할 것입니다. 왜냐하면 화분이 작아서 뿌리를 깊게 내리지 못하기 때문입니다. 그 화초들은 나무처럼 크게 자랄 수가 없습니다.

우리가 예수와 연합하여 한 영이 되어 살아갈 때 예수 안에서 더 깊이 뿌리를 내리게 됩니다. 예수 안에 뿌리를 내린다고 하는 말은 이리저리 옮겨 다니지 않는다는 말입니다. 여기저기 기웃기웃 거리지 않는 존재라는 것입니다. 예수 안에 온전히 뿌리를 내린 존재로 예수 안에서 점점 그 뿌리가 더 깊어져 가는 것입니다.

여러분이 구원받은 다음에는 성장을 향해 달려가야 합니다. 어디까지입니까? 예수 그리스도의 장성한 분량까지 성장해야 합니다. 그런데 왜 성장을 못합니까? 뿌리를 내리지 않아서 못합니다. 그러면 뿌리를 어떻게 내립니까? 내가 십자가에 죽고 예수와 한 영이 되어서 예수 안에 있음을 확인할 때마다 뿌리를 내리는 것입니다.

다윗과 골리앗의 싸움을 일반적인 관점으로 봤을 때, 다윗의 행동은 상식 이하의 행동이라고 말할 수 있습니다. 다윗이 군사훈련을 받은 적이 있습니까? 제대로 무장을 갖췄습니까? 더군다나 다윗은 아직 어린 청년이었습니다. 게다가 신체적으로도 작았습니다. 이에 비해 골리앗은 기골이 장대하고, 모든 전신갑주를 취하고, 전쟁에 능한 장군이었습니다.

그런데 다윗이 무엇으로 나갔습니까? 믿음으로 나갔습니다. 그 믿음은 다윗의 삶 속에서, 현장에서 계속 쌓여간 믿음이었습니다. 다윗은 하나님께서 사자와 곰의 발톱에서 건져주셨다고 고백합니다. 누구도 도와주지 않고, 누구도 박수쳐 주지 않아도 다윗은 양을 치는 들판에서 이리나 늑대가 왔을 때 믿음을 갖고 싸워서 이겼습니다. 다윗은 하나님이 자신과 함께 하시는 것을 경험했고, 확신했습니다. 그 순간 믿음이 자라고, 뿌리가 내려갔을 것입니다. 그 다음에는 곰이 왔습니다. 다윗은 "하나님이 늑대와의 싸움에도 이기게 하셨으니까 곰과 싸울 때도 이기게 하시겠지" 하고 믿음으로 싸웠는데, 곰과도 싸워서 이겼습니다. 그리고 그 순간 뿌리가 더 내려갔을 것입니다.

그러던 어느 날 아버지의 심부름으로 형들에게 도시락을 가져다주기 위해 전쟁터로 갔다가 여호와의 군대를 모욕하는 골리앗을 만났던 것입니다. 그때 다윗은 지금까지 자신과 함께한 하나님에 대한 믿음으로 나가 골리앗과 싸워 이겼습니다. 여러분도 이와 같이 여러분의 삶 속에서 믿음의 뿌리를 내리는 과정이 있어야 합니다.

저는 하나님이 저와 함께 하시는 것을 느낄 때마다 매우 놀라곤 합니다. 하지만 그것을 확인할 때, 하나님을 더 신뢰할 수 있습니다. 그때 뿌리가 내려가는 것입니다. 이렇게 하나님을 삶 속에서 지속적으로 경험하는 사람은 영적인 거장이 됩니다. 시편 1편에 나오는 시냇가에 심은 나무가 철을 따라 열매를 맺을 수 있는 이유는 뿌리를 깊게 내렸기 때문입니다. '아낌없이 주는 나무' 라는 동화책을 보면 그 책에 나오는 나무는 뿌리가 깊으니까 늘 그 자리에 있으면서 주인공 소년이 노인이 될 때까지 쉼의 장소를 제공합니다. 이것이 영적인 거목의 모습입니다. 이와 같이 예수 안에 뿌리를 깊게 내린 사람은 다른 사람들에게 선한 영향력을 끼치게 됩니다.

그리스도 안에서 행할 때 뿌리가 내려집니다. "주님, 내가 주님 안에서 있습니다. 주님 안에서 결단합니다. 주님이 원하시는 대로 삽니다." 라고 고백하고 결단할 때 뿌리가 내려지는 것입니다. 뿌리가 내려져야 나무가 자랍니다. 그리고 나무가 자라야 열매를 맺게 됩니다. 저도 영적인 거목이 되기 위해 예수 안에서 깊게 뿌리를 내리는 과정을 겪고 있습니다.

### 십자가에서 부활하신 예수와의 연합을 경험하라

우리의 죄 된 자아는 십자가에서 죽어져야 합니다. 그런데 그 죽음은 한두 번으로 끝나는 것이 아니라, 죄 된 자아가 발견되어질 때마다 지속적으로 그것을 십자가 앞으로 가지고 나아가 못 박아야 한다고 했습니다. 그리고 그 죄 된 자아가 십자가에서 죽어질 때마다 우리는 부활한 예수와 연합하게 된다고 말씀드렸습니다.

나아가 부활한 예수와 연합하는 것이 어떤 것인지 보여드리기 위해 로마서 6장 10-11절을 살펴보았습니다. 내 죄 된 자아가 십자가에서 죽어질 때, 반드시 따라오는 것이 있는데 그것은 하나님 앞에서 살아

있는 새로운 내 존재입니다. 그런데 "하나님에 대해서 살아 있는" 존재가 되기 위해서는 "그리스도 안에서"라고 하는 말이 핵심이라고 했습니다.

"그리스도 안에서"라는 말은 첫 번째로 예수 그리스도와의 연합을 의미합니다. 예수 그리스도와 연합한다고 했을 때, 우리의 육과 혼이 아닌 영이 연합하는 것이라고 말씀드렸습니다. 그런데 왜 우리의 영이 예수의 영과 연합하지 못하느냐 하면, 그동안 죄 된 자아에 이 영이 묶여서 제 기능을 감당하지 못했기 때문입니다. 그래서 그 혼적인 요소에서 영적인 요소를 잘라내는 일이 중요한데, 무엇을 가지고 잘라낼 수 있다고 했습니까? 말씀으로 잘라낼 수 있다고 했습니다.

혼적인 요소에서 영적인 요소를 잘라내는 일은 죄 된 자아를 죽이는 일과 동일한 일입니다. 우리의 죄 된 자아에서 우리의 영을 분리하는 가장 핵심적인 말씀은 십자가의 말씀입니다. 여러분의 녹슬었던 영이 죄 된 자아에서 분리되어 하나님의 영에게 민감하게 반응할 때, 놀라운 역사가 여러분 안에 있을 것입니다. 이것이 바로 온전히 예수 그리스도와의 연합하는 것입니다.

"그리스도 안에서"라는 말의 두 번째 의미는 "그 안에서 행하는 것"입니다. 그 안에서 행한다고 하는 것은 뿌리를 깊게 내리는 일입니다. 그 안에서, 예수 안에서 행하면서 우리의 신앙이 뿌리를 깊게 내리는 일입니다. 뿌리가 깊어지면 깊어질수록 나무는 더 견실하게 자라고, 더 견실하게 자랄수록 아름다운 열매가 맺혀지는 것입니다. 이 놀라운 일들을 경험할 수 있기를 바랍니다.

이 놀라운 일을 경험하기 위해 "나의 영이 하나님의 영에 민감하게 반응하게 하소서" 라는 기도를 드리면 좋겠습니다. 그렇게 기도하면서 성령께서 영의 연합을 막는 여러분의 죄 된 자아를 떠올리게 하실 때마다 십자가 앞으로 가지고 나가십시오. 그리고 못 박으십시오. 이것 자체가 분리입니다. 그렇게 죄 된 자아가 죽어질 때, 주님은 내 안에서 새로운 자아를 재창조하실 것입니다.

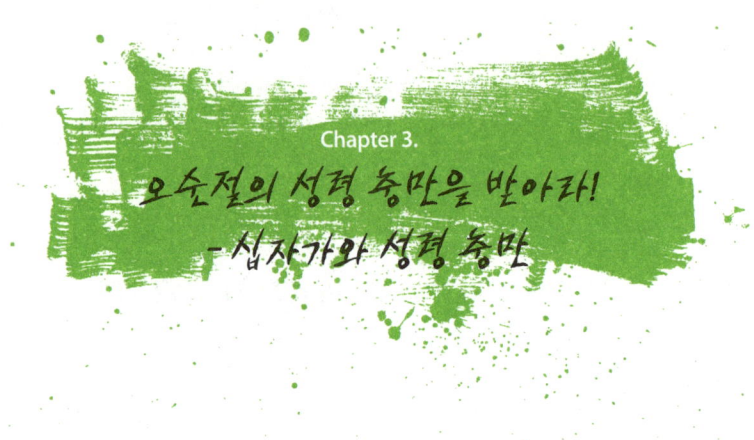

## Chapter 3.
## 오순절의 성령 충만을 받아라!
## - 십자가와 성령 충만

사도행전 2:1-13

1 오순절 날이 이미 이르매 그들이 다같이 한 곳에 모였더니
2 홀연히 하늘로부터 급하고 강한 바람 같은 소리가 있어 그들이 앉은 온 집에 가득하며
3 마치 불의 혀처럼 갈라지는 것들이 그들에게 보여 각 사람 위에 하나씩 임하여 있더니
4 그들이 다 성령의 충만함을 받고 성령이 말하게 하심을 따라 다른 언어들로 말하기를 시작하니라
5 그때에 경건한 유대인들이 천하 각국으로부터 와서 예루살렘에 머물러 있더니
6 이 소리가 나매 큰 무리가 모여 각각 자기의 방언으로 제자들이 말하는 것을 듣고 소동하여
7 다 놀라 신기하게 여겨 이르되 보라 이 말하는 사람들이 다 갈릴리 사람이 아니냐
8 우리가 우리 각 사람이 난 곳 방언으로 듣게 되는 것이 어찌 됨이냐
9 우리는 바대인과 메대인과 엘람인과 또 메소보다미아, 유대와 갑바도기아, 본도와 아시아,
10 브루기아와 밤빌리아, 애굽과 및 구레네에 가까운 리비야 여러 지방에 사는 사람들과 로마로부터 온 나그네 곧 유대인과 유대교에 들어온 사람들과
11 그레데인과 아라비아인들이라 우리가 다 우리의 각 언어로 하나님의 큰 일을 말

함을 듣는도다 하고
12 다 놀라며 당황하여 서로 이르되 이 어찌 된 일이냐 하며
13 또 어떤 이들은 조롱하여 이르되 그들이 새 술에 취하였다 하더라


예수 그리스도의 죽음과 부활, 그리고 오순절 사건은 기독교의 역사상 가장 중요한 사건들입니다. 그리고 이 세 가지 사건은 본질적으로 일직선상에 놓여 있다고 할 수 있습니다. 또한 이 세 가지 사건은 완성된 사건입니다. 이미 완성된 사건이라고 하는 것은 더 이상 보충하고 보완할 것이 없다고 하는 뜻입니다. 이 세 가지 사건은 이미 완성된 사건이기 때문에 그 사건의 의미를 깊게 알고 받아들이기만 하면 됩니다. 그런데 이 사건들의 의미가 정확히 정립이 되어 있지 않으면, 신앙이 흔들릴 수 있습니다. 이렇게 말하면 이렇게 흔들리고, 저렇게 말하면 저렇게 흔들릴 수 있는 것입니다.

앞에서 우리는 십자가 안에서 예수 그리스도의 죽음과 부활에 대한 의미를 살펴보았습니다. 이제 십자가 안에서 오순절 사건의 의미를 풀어 나가려고 합니다. 그런데 많은 기독교인들이 오순절의 성령 충만을 너무 신비적으로만 해석하곤 합니다. 오순절이 어떤 의미인지, 성령 충만은 무엇을 의미하는지, 그리고 성령 충만하였다는 것을 어떻게 알 수 있는지에 대한 질문에 여러 가지 신학적인 답이 있습니다. 그런데 저는 오순절의 성령 충만을 십자가 안에서 살펴보아야 한다고 생각합니다. 왜냐하면 십자가가 중심이 되지 못한 성령사역은 잘못된 신비주

의로 흘러갈 가능성이 크기 때문입니다.

그래서 예수 그리스도의 죽음과 부활, 그리고 오순절의 성령 충만, 이 세 가지 사건을 일직선상에서 이해하고 순서대로 바라보아야 합니다. 그리고 십자가 안에서 그 의미를 이해하는 것이 중요합니다. 이러한 관점에서 오순절의 사건을 풀어나갈 때 그 의미가 깊이 있게 풀어질 수 있습니다.

## 예수의 죽음과 부활, 오순절 사건은 일직선상에 있다

예수의 죽음과 부활, 오순절의 사건은 본질적으로 일직선상에 있는 사건입니다. 예수의 죽음과 부활 사건을 제외시키고 오순절만 이야기 하는 것, 부활 사건을 제외시키고 예수의 죽음과 오순절만 이야기 하는 것, 그리고 오순절은 이야기하지 않고 예수의 죽음과 부활만 이야기 하는 것은 모두 한편으로 치우치는 것입니다.

갈보리 십자가의 죽음과 부활, 오순절의 성령 충만은 모두 하나님께서 약속해 놓으신 사건이며, 예수님을 통해 이뤄놓으신 사건입니다. 이 사건을 일직선상에서 주관적인 내 사건으로 받아들일 때 하나님이 약속하시고 계획하신 대로 우리의 신앙과 삶이 이끌려갈 수 있습니다. 그러나 세 가지 사건 중 어느 것 하나라도 놓치게 된다면 그것은 매우 유감스러운 일이 될 것입니다.

두 번째로 말씀드리고 싶은 것은 이 세 가지 사건이 일직선상에 있는 사건임과 동시에 갈보리의 죽음과 부활의 사건이 있은 후에 오순절 사건이 있었다는 것입니다. 갈보리의 죽음과 부활의 사건이 일어나고, 50일이 지난 뒤에 오순절의 성령 충만의 사건이 있었습니다. 그래서 갈보리의 죽음과 부활 없이 오순절을 경험하는 것은 하나님의 특별한 계획 아니고는 순서에도 맞지 않고, 그 의미도 없습니다.

구약시대에도 하나님께서 특별하게 쓰시는 사람들은 하나님의 영에 감동되어 세워졌습니다. 그러나 그때는 성령의 시대가 아니었기에 특별한 사람들에게만 성령께서 임하셨습니다. 하지만 오순절 날 이후 시작된 성령의 시대에서는 어느 누구라도 성령을 받을 수 있지만, 성령 충만을 깊게 경험하게 위해서는 반드시 거쳐야 하는 과정이 있습니다. 그 과정은 갈보리의 죽음과 부활을 경험하는 것입니다.

제자들은 철저하게 이 과정을 겪었습니다. 여러분들이 "나도 복음을 외칠 때, 베드로처럼 3천 명씩 회개하게 해 주세요. 나도 베드로와 요한처럼 앉은뱅이에게 기도했을 때 그 앉은뱅이가 일어나는 역사가 일어나게 해 주세요." 기도할 수 있습니다. 그런데 우리가 쉽게 놓쳐 버리는 것이 있습니다. 그것은 제자들이 철저하게 겪었던 갈보리의 죽음의 시간입니다. 제자들이 철저하게 겪었던 부활의 기쁨 속에서 예수와 연합한 시간입니다. 이것 없이 오순절의 성령 사건에만 초점을 맞추면 문제가 있다고 하는 것입니다.

기독교가 이 기초를 제대로 놓아야 합니다. 제가 제자훈련을 시키고, 청년들을 훈련시키면서 고민했던 것이 훈련생들에게 신앙의 기초가 안 되어있다는 점이었습니다. 그냥 무작정 위대한 사람이 되길 원하고, 무작정 영적인 거장이 되길 원하고, 무작정 하나님께 사로잡힌 사람이 되길 원하는 것이었습니다.

하지만 그렇지 않습니다. 오순절 성령의 사건을 경험하고 나서 놀라운 일들을 감당한 제자들처럼 되기 원한다면, 우리도 철저하게 갈보리의 죽음을 경험해야 합니다. 그리고 철저하게 부활한 예수와 연합해야 합니다. 그 뒤에 오순절의 성령이 임할 때, 그 성령은 폭발력입니다. 그 성령은 능력입니다.

제가 1년 동안 선교 경험을 위하여 온 가족과 함께 인도를 다녀온 적이 있었습니다. 제가 있었던 곳은 '벵갈로르' 라고 하는 인도의 IT산업의 핵심도시였습니다. 그리고 그곳에서 5-6시간 기차를 타고가면 '마드라스' 라고 하는 곳이 있는데, 그곳에는 도마 성지가 있습니다. 예수님의 제자 중의 한 사람인 도마가 부활한 예수를 만나고, 오순절 성령을 경험하고 나서 인도로 내려갔습니다. 도마는 요한복음 21장에 보면 의심이 많았던 사람입니다. 의심이 많았다고 하는 것은 철저하게 믿기 원했던 사람이라는 것입니다. 그냥 알지도 못하면서 "아멘! 아멘!" 하는 것이 아니라 정확히 알고 믿겠노라고 하는 사람이었습니다. 그런 의심 많은 도마를 예수님께서는 꾸짖지 아니하시고, 그의 손으로 직접 예수님의 손과 발을 만져 볼 수 있도록 하셨습니다. 예수님을 직접 만진 도마는 예수님께 "나의 주님이시오, 나의 하나님이십니다!" 라는 고백을 드릴 수 있었습니다. 이후에 오순절의 성령을 경험하고 나서 그는 인도로 갔습니다. 인도는 85%가 힌두교를 믿습니다. 기독교가 가톨릭까지 합쳐서 2.5%밖에 되지 않습니다. 그런데 그 인도에, 그

거대한 땅에 도마 기념 교회가 있고, 도마가 세운 교단이 있습니다. 그리고 마드라스에는 도마의 순교지도 있습니다. 저는 도마의 순교지에 갈 때마다 늘 감명 받는 구절이 있습니다. 인도 사람들은 벽에다 벽화를 많이 그립니다. 도마의 순교지에도 벽화를 쭉 그려놨는데, 거기에 도마가 고백했던 구절이 반복해서 나옵니다. "Jesus is my Lord, and my God." 도마는 예수님의 십자가 사건을 경험하고, 그 후에 부활하신 예수님을 직접 손으로 만져 보고, "예수님은 나의 주님이시오, 나의 하나님이십니다." 라는 고백을 드린 후 오순절의 성령 충만을 경험했습니다. 그리고 인도로 가서 예수를 전하다가 자신을 핍박하는 사람들에게 붙잡혀서 죽임을 당했습니다. 그의 순교를 기념하는 도마 성지에 반복적으로 써 놓은 글이 "Jesus is my Lord, and my God. -예수님은 나의 주님이시오, 나의 하나님이십니다." 라는 고백이었습니다.

여러분, 철저한 죽음의 시간, 철저한 부활의 시간의 경험 없이 성령이 임하면, 그 성령은 잘못 사용되어질 수 있습니다. 그리고 인격이 갖추어지지 못한 곳에 성령이 부어지면 부어진 성령으로 다른 사람에게 상처를 줄 수도 있습니다. 그래서 사역하는 사람들이 반드시 알아야 할 것이 있습니다. 나도 나를 잘 모를 수 있기 때문에 반드시 내가 하는 사역 속에서 삐거덕 거리고 문제가 생기면 잠시 나를 돌아봐야 합니다. 그것이 분명 하나님이 하신 일이라고 할지라도 나로 인해 사람이 상처를 입는다면 반드시 나를 돌아봐야 합니다. 왜냐하면, 내가 알지 못하는 나의 연약함이 있을 수 있기 때문입니다.

그렇게 죄 된 자아를 철저하게 십자가에 통과시켜야 합니다. 그 속에서 여러분의 영이 자유롭게 예수의 영과 연합한 뒤에 하나님의 놀라운 성령의 기름 부으심이 여러분 안에 넘치기를 원합니다. 그때 온전한 사역을 감당할 수 있습니다. 그때 사역의 열매가 맺혀지는 것입니다.

### 갈보리, 부활, 오순절의 의미를 내 것으로 만들다

갈보리와 부활, 오순절의 사건을 성경의 객관적인 사건으로 그냥 읽고, 알고 넘어가는 것이 아니라 주관적인 나의 사건으로 받아들이는 것이 중요합니다. 그럴 때 그 능력이 내 능력이 되는 것이 아니겠습니까? 그럴 때 내가 사도들처럼 온전하게 이 세상을 이기며 능력 있게 살아갈 수 있는 것이 아니겠습니까? 그러기 위해서 갈보리와 부활, 오순절의 의미를 어떻게 내 것으로 만들 수 있는지 아셔야 합니다.

갈보리에서 죽으신 예수님의 사건에 동참한다고 하는 것이 예수님께서 창에 찔리셨듯이 나도 찔리고, 예수님이 가시관을 쓰셨듯이 나도 쓰고, 그리고 예수님이 십자가에 못 박히셨듯이 나도 못에 박히는 것을 의미하는 것이 아닙니다. 갈보리의 십자가를 내 사건으로 만든다고 하는 것은 신앙생활을 하면서 발견되어지는 죄 된 자아를 십자가에 못 박는 것입니다. 그때 죽으신 예수와 내가 연합하게 됩니다.

그렇다면 부활한 예수와 연합하는 것은 어떤 의미입니까? "그리스도 안에서" 라는 말에 키가 있다고 말씀드렸습니다. 내가 죽은 만큼 내 영이 나의 죄 된 자아와 분리되어져서 예수의 영과 하나가 됩니다. 그리고 내 영이 자유롭게 예수의 영과 하나가 되어 그 안에 뿌리를 내리는 것입니다.

부활의 사건이 이렇게 나의 사건이 되면, 부활의 생명이 나의 생명이 됩니다. 생명이라고 하는 것은 생명 그 자체를 이야기할 뿐만 아니라, 생명 안에 있는 모든 정서까지 포함합니다. 생명이 있는 자는 기쁨이 있습니다. 생명이 있는 자는 소망이 있습니다. 생명이 있는 자는 평화가 있습니다. 그런데 사단이 가져다주는 죽음의 정서들인 실패, 좌절, 낙망, 상처, 미움이 내 안에 있다고 한다면, 사단의 공격에 무너지고 있다는 증거입니다. 이러한 죽음의 요소들이 내 안에 있다고 한다면 그것들을 십자가 앞으로 가지고 나와야 합니다. 그것들을 십자가에 못 박을 때마다 예수 안에 있는 생명으로 충만하게 되는 것입니다.

마찬가지로 오순절 성령 충만의 사건을 경험한다는 것은 사도행전 2장에 나와 있는 사건이 그대로 우리에게 재현되는 것은 아닙니다. 때로는 그대로 재현될 수도 있겠지만, 오순절의 사건을 나의 사건으로 경험되어질 때 오순절에 일어났던 것처럼 동일하게 각국의 방언을 하게 되고, 불이 혀 같이 갈라지며 각 사람의 머리에 임하는 것이 아닙니다.

그렇다면 오순절의 사건을 내 주관적인 사건으로 경험하기 위해서는 어떻게 해야 합니까? 하나님은 오순절의 사건을 왜 계획하시고, 그 안에서 믿는 자들에게 무엇을 경험케 하시기를 원하셨을까요? 하나님께서는 죽음과 부활로 완벽한 사건을 이루어놓으셨는데도, 왜 오순절이라고 하는 또 하나의 사건을 우리에게 허락해 놓으셨습니까? 그 깊은 의미들을 하나씩 풀어 나가도록 하겠습니다.

## 아버지를 깊게 경험하다

"그 날에는 내가 아버지 안에, 너희가 내 안에, 내가 너희 안에 있는 것을 너희가 알리라."(요 14:20)

요한복음 14, 15, 16장은 예수님의 고별연설 장입니다. 예수님이 십자가에서 돌아가시기 전에 마지막으로 연설하신 부분이라고 해서 고별장이라고 합니다. 그런데 예수님이 마지막으로 고별연설 하실 때, "나는 이제 십자가에서 죽고 올라가지만, 내가 너희에게 성령을 보내 줄 것을 약속한다."고 말씀하시면서 성령에 대해 많은 이야기를 하셨기 때문에 이 부분을 성령의 장이라고도 합니다. 그래서 14-16장을 자세히 읽어보면, 예수님은 죽음에 대해서도 말씀하시지만, 죽음 이후에 일어날 일들에 대해서도 제자들에게 가르쳐 주셨습니다.

이런 차원에서 요한복음 14장 20절에 나와 있는 '그 날'은 언제일까요? 바로 오순절 날입니다. 십자가의 죽음이 있었던 날도 아니고, 부활이 있었던 날도 아니고 오순절 성령이 충만하게 부어지던 날을 말하는 것입니다. 그런데 오순절, 성령이 오시는 그 날에 너희가 알게 될 것이 있는데, 그것은 "내가 아버지 안에, 너희가 내 안에, 내가 너희 안에" 있다는 것입니다.

우선 "너희가 내 안에, 내가 너희 안에" 라는 부분을 살펴보면 이 말씀은 예수님과 내가 하나가 되었다는 말입니다. 예수님과 내가 하나가 되는 사건, 이것은 어떤 사건입니까? 바로 부활의 사건입니다. 내 영이 예수의 영과 하나가 되는 부활의 사건을 의미하는 말입니다. 그런데 이 말씀의 앞부분에는 '그 날에는 내가 아버지 안에' 라는 구절이 추가 되어 있습니다. 부활의 의미와 함께 또 하나의 의미가 추가 되어 있는 것입니다. 그것은 그 날, 오순절 날에 예수님이 아버지 안에 있다는 것입니다. 그런데 이미 부활의 사건을 경험하면서 예수와 내가 연합되었기 때문에 오순절 날에 예수와 하나 된 내가 예수님과 같이 아버지 안에 있다는 것입니다. 얼마나 놀라운 일입니까? 이것이 비밀입니다. 십자가가 보여야 이 구절이 풀어질 수 있는 것입니다.

저도 처음에는 이 구절이 너무 어렵게만 생각되었습니다. 그런데 죽음을 깨닫고, 부활을 깨닫고, 특별히 부활이라는 것이 나의 죄 된 자아가 죽어 자유로워진 내 영이 예수의 영과 하나가 되는 사건이라는 것을 깨닫고 나니 이 말씀이 풀어지는 것입니다. 그 내용이 이 말씀에서 그대로 적용되어지는 것입니다. 그래서 그 날, 오순절 성령이 부어지는 그 날에는 예수의 영과 연합된 나의 영이 하나님께로 가서 하나님 아버지 안에 거하게 된다는 것을 깨달을 수 있었습니다.

오순절 사건이 내 주관적인 사건으로 경험되어지면서 첫 번째로 깨닫게 되는 것은 예수의 영과 연합한 내 영이 하나님의 품에 들어간다는 것입니다. 그래서 성령 충만을 깊게 경험한 사람들, 오순절의 충만한 기름 부으심을 받은 자들이 경험하는 것이 있습니다. 그것은 하나님 아버지를 깊게 경험하는 것입니다. "보혈을 지나 하나님 품으로, 보혈을 지나 아버지 품으로" 라는 찬양이 있습니다. 이 찬양에서 보혈을 지난다는 것은 바로 십자가의 죽음과 부활을 경험하는 것을 의미합니다. 그런데 그 보혈을 지나면 하나님 아버지 품으로 들어갈 수 있다고 이야기 합니다. 이 찬양은 죽음과 부활을 통해 오순절을 경험하면서 아버지의 품을 경험하는 것을 노래하고 있는 것입니다.

"그 날에 내가 아버지 안에, 너희가 내 안에, 내가 너희 안에 있는 것을 너희가 알리라" 라는 말씀은 예수의 영과 연합한 나의 영이 동일하게 아버지 안에 있는 것을 가르쳐 주고 있습니다. 그래서 성령의 충만함을 간구하며 기도할 때, 성령이 여러분 안에 부어진다고 한다면, 여러분들이 경험하는 것이 있을 것입니다. 그것은 바로 예수의 죽음과 부활을 통해 나의 영이 예수의 영과 하나가 되었고, 하나 된 내가 예수님이 아버지 품에 올라가셨듯이 나도 그 품에 있다는 것을 발견하게 될 것입니다. 그때 잔잔한 평화가 있습니다.

돌아가신 옥한흠 목사님이 쓰신 책 중에 "안아주심"이라는 책이 있습니다. 그분이 건강이 나빠지셔서 큰 수술을 받게 되셨습니다. 사람이 누구나 그렇듯이 죽음 앞에서는 작아지게 되는 것 같습니다. 옥한흠 목사님이 영적거장이셨지만, 그분도 큰 수술을 앞두고 하나님 앞에 간절히 기도하셨다고 합니다. 그런데 옥한흠 목사님이 큰 수술을 앞두고 경험한 것이 있었습니다. 이제까지 제자훈련을 시키시고 목회하면서 영적인 경험을 많이 했지만, 그런 경험은 처음이었다고 합니다. 그것은 하나님께서 따뜻하게 목사님을 안아주시는 경험이었습니다. 그 품이 얼마나 좋았는지, 그 품이 얼마나 너그러웠는지, 그 품이 얼마나 풍성했는지, 그 경험을 책으로 쓰셨습니다.

이 오순절 성령의 기름 부으심을 통해서 경험할 수 있는 사건이 바로 그런 것들이라는 것입니다. 이 땅에서 아옹다옹 싸우지 마십시오.

그 아버지 품에만 가면 이 세상의 모든 염려가 사라집니다. 이 땅을 살아도 천국을 경험하면서 살아갈 수 있습니다. 이것이 오순절의 중요한 의미입니다. 그때에는 내가 이 땅에 있지만, 아버지 품에서, 그 하늘 보좌 위에서 이 땅을 바라볼 수 있는 힘이 생깁니다. 나는 이 땅에 있지만 내 영은 예수의 영과 연합해서 그 아버지의 보좌에서 이 땅을 바라보는 것입니다.

### 하나님의 일, 사역을 감당하다

오순절의 성령 충만이 나의 사건으로 경험되어 질 때, 첫 번째로 경험되어지는 것이 아버지의 품 안에 있는 것입니다. 그리고 두 번째는 이 첫 번째와 연결되어 있습니다. 내 영이 예수의 영과 연합해서 성령 충만할 때 그 성령의 충만함을 통해서 아버지 품 안에 있는 나를 발견합니다. 그리고 높고 높은 보좌 위에서 아버지의 시각을 갖고 아버지의 마음으로 이 땅을 바라보게 됩니다. 그때 일어나는 일이 있습니다. 그것이 사역입니다. 하나님의 일입니다.

하나님이 이 땅을 바라보시면서 어떠한 마음이 드시겠습니까? 저는 아픔이라고 생각합니다. 제가 전도를 하면서 가장 많이 불렀던 찬양이 있습니다. "세상 모든 민족이 구원을 받기까지 쉬지 않으시는 하나님" 저는 이 찬양을 부를 때 마다 마음의 고통을 자주 느낍니다.

한 번은 인천의 한 교회에 전도팀과 함께 전도를 하러 갔습니다. 그런데 그 목사님이 저를 알아보시고 제게 길을 안내해주신다고, 가장 발이 넓으신 분을 붙여주셨는데, 보험설계를 하시는 성도분이셨습니다. 그분의 손에 이끌려서 아침부터 저녁까지 계속 전도를 했는데, 여덟 집을 방문했습니다. 여덟 집을 방문하면서, 한 사람을 전도하는데 한 시간 씩 걸렸습니다. 점심시간을 제외하고는 쉬는 시간이 없었습니다. 하나님이 도우셔서 8명에게 복음을 전했고, 7명이 예수님을 영접하고 교회에 나올 것을 약속했습니다.

전도를 마치고 저녁에 교회로 다시 돌아가는데, 끝났다고 생각하니까 몸이 피곤하고 힘들었습니다. 그래서 위로받고 싶은 마음에 하나님께 이런 기도를 드렸습니다. "아버지 저 예쁘죠? 저 좀 칭찬을 해주세요." 그랬더니 하나님 아버지께서 아무 소리 안하시고 제 마음 속에 주시는 생각이 있었습니다. "도균아, 나는 창세기 3장 이후로, 인간이 타락한 그 이후부터 쉬지 않고 일해오고 있다." 그 말이 얼마나 깊게 와 닿았는지 모릅니다.

저는 그 날 하루 동안 쉬지 않고 일해 봤기 때문에 '쉬지 않고' 라는 단어가 얼마나 중요한 단어인지를 깨달았습니다. 그리고 그 날에 아버지가 제게 가르쳐주셨던 말이 "아버지의 쉬지 않으심"이었습니다. 하나님 아버지는 지금도 쉬지 않으십니다. 한 영혼이라도 구원하시기 위해서 쉬지 않고 일하십니다. 그때 제가 교회에 와서 쉬지 않고 일하시는 하나님 아버지 때문에 얼마나 많이 울었는지 모릅니다.

하나님은 이 땅을 바라보실 때, 안타까움이 있으십니다. 왜 사랑하는 아들을 이 땅에 보내셨습니까? 왜 사랑하는 아들을 십자가에 죽게 만드셨습니까? 왜 그 아들을 부활시키셨습니까? 왜 오순절 성령을 우리에게 부어주셨습니까? 그것은 우리를 구원하시고, 우리가 이 땅에서 능력 있게 살아가게 하시기 위함입니다. 그리고 하나님 아버지와 동일한 마음을 품고 이 땅을 회복시키는 일을 감당하기 위함입니다. 그런데 이 땅을 회복시키는 일, 하나님의 사역은 예수와 연합해서 하나님 아버지 품에서 이 땅을 바라볼 때 능력 있게 감당할 수 있게 되는 것입니다.

내가 하나님 아버지의 품 안에 있을 때, 하나님 아버지가 원하시는 일이라고 한다면, 내가 아버지의 발이 되고 손이 되길 원하게 됩니다. 그 아버지의 품안에 있으면서 아버지의 마음이 읽혀지는데, 그 아버지의 마음과 생각하는 것이 고스란히 내 생각이 되고, 내 마음이 되고, 내 열정이 되는데 어떻게 가만히 있겠습니까? "세상 모든 민족이" 라는 찬양 가사 중에 "주의 심장 가지고" 라는 부분이 있습니다. 이것은 예수와 하나가 되고, 아버지와 하나가 되어졌을 때 하나님의 마음이 내 마음이 되고, 하나님의 생각이 내 생각이 되고, 그 하나님의 심장이 내 심장이 된다는 것입니다.

예수와 하나가 되어져서 그 아버지의 품에 앉아 이 땅을 바라볼 때 아버지의 눈물이 내 눈물이 되는 것입니다. 그 아버지의 열정이, 아버지의 심장이, 나의 열정과 심장이 되는 것입니다. 그래서 성령 충만한 사람이 반드시 하는 것이 있습니다. 그것은 아버지를 대리해서 사역하는 일입니다. 사역은 반드시 이 성령 충만함 가운데서 진행되어질 때 능력 있게 감당할 수 있는 것입니다.

나는 아버지와 하나가 되어서 그 아버지 품에 좋아하며 있었습니다. 그런데 그 아버지가 세상을 바라보시는 것입니다. 그래서 나도 같이 바라봤습니다. 그랬더니 그 아버지의 눈물이 보입니다. "아버지 왜 우세요?" "도균아, 나는 너를 품고 있어서 기쁘지만, 저 세상에는 아직도 죽어가는 사람이 많단다. 멸망을 향해 달려가고 있는 사람들, 죽음을 향해 달려가고 있는 사람들, 내일이 없는 사람들, 소망이 없는 사람들 때문에 내 마음이 너무 아프단다." 이런 아버지의 마음을 느끼게 되면 복음을 전하지 않고는 견딜 수 없게 되는 것입니다.

여러분, 심지어 코마 상황, 모든 것이 죽어 있고, 의식만이 남아 있는 상태에 있는 사람에게도 복음을 전해야 합니다. 그러면 비록 겉에 있는 사람은 반응하지 못하지만, 그 내면의 사람은 복음을 듣고 반응할 수 있기 때문입니다. 그래서 예수님을 영접하면 구원받는 것입니다. 여러분이 잘 아시는 박종호 성가사가 코마 상태에 있는 아버지에게, 산소호흡기만 의지하고 있는 아버지에게 몇 차례에 걸쳐서 복음을 전했더니, 돌아가시기 전에 눈물을 흘리셨다고 합니다. 저는 그 눈물이 아버지가 예수님을 영접했다는 증거라고 생각합니다.

하나님 아버지의 마음은 예수와 연합해서, 하나님 아버지 안에서 하나가 되었을 때 품어질 수 있습니다. 그때 할 수 있는 것이 사역입니다. 그래서 성령 충만은 나를 위해서 주어지는 것이기는 하지만, 그것보다 앞선 이유는 다른 사람을 위해서입니다. 다른 사람과 세상을 위해서 주어지는 것입니다. 성령 충만을 가지고 자신만을 위해 살아가는 사람은 잘못된 것입니다. 성령 충만을 가지고 자신을 드러내는 사람은 잘못된 것입니다.

성령 충만으로 아버지의 마음을 품었을 때 진정으로 이 땅을 바라보고 울 수 있게 됩니다. 예수 믿지 않은 부모, 예수 믿지 않은 형제를 바라보며 얼마나 울어보셨습니까? 그냥 울려고 해서 눈물이 나옵니까? 안 나옵니다. 언제 울 수 있습니까? 그 아버지의 마음이 품어져야 울 수 있습니다. 그 영혼을 향한 하나님의 아버지의 안타까운 마음이 품어져야 울 수 있게 되는 것입니다.

아버지의 품에서 하나님이 우리에게 주시는 또 다른 것이 있습니다. 그것은 세상을 이기는 힘입니다. 여러분, 많은 사람들이 군사적인 힘을 생각합니다. 물리적인 힘을 생각합니다. 물론 원수를 대적해서 밟아 이기는 차원이 있습니다. 그런데 더 본질적인 의미가 있습니다.

우리가 흔히 누군가와 싸워서 이긴다고 했을 때, 그 사람과 직접 싸워 이길 수도 있지만, 더 본질적인 것은 아무리 건드려도 요동치 않으면 이기는 것입니다. 흔들림이 없으면 이기는 것입니다. 그 사람은 완전한 거장입니다. 세상을 이긴다고 했을 때, 이 세상을 넉넉히 이긴다고 했을 때, 중요한 것은 그 아버지 품 안에 있기 때문에 이 세상에 어떤 것이 나를 향해서 유혹하고 흔들어도 내가 흔들리지 않는 것입니다. 그 아버지의 품 안에서 세상을 넉넉히 이기게 되는 것입니다.

### 십자가에서 오순절의 성령 충만을 경험하라

많은 그리스도인들이 오순절의 성령 충만을 원합니다. 그런데 오순절의 성령 충만을 경험하는 것을 단지 어떤 능력이 부어지는 것으로 생각합니다. 그러나 오순절의 성령 충만은 먼저는 거룩한 삶을 살게 하는 능력입니다. 그래서 오순절의 성령 충만을 경험하기 위해서 반드시 거쳐야 하는 단계가 있습니다. 그것은 바로 십자가에서 죄 된 자아를 처리하고 부활하신 예수의 영과 하나가 되는 것입니다.

내 죄 된 자아가 십자가에서 처리되고 예수의 영과 하나가 되어갈 때, 성령님께서는 나를 다스리시고 그 거룩한 삶으로 이끄시는 것입니다. 그렇기에 오순절의 성령 충만을 다른 말로 표현하면 성결을 경험하는 것이라고 말할 수 있습니다. 거룩이 능력입니다. 거룩함에서 능력이 나오는 것입니다. 그 거룩함의 능력으로 사역을 감당할 때 영혼들이 살아나는 역사가 있는 것입니다.

이렇게 오순절의 성령 충만을 경험하면서 첫 번째로 경험하게 되는 것이 예수의 영과 내 영이 하나가 되어서 아버지 안으로 들어가는 것입니다. 거룩하신 하나님과 하나가 될 수 있을 만큼 거룩해지는 것입니다. 그때, 그 안에서 평안을 누리고, 기쁨을 누리고, 옥한흠 목사님께서 쓰신 그 놀라운 안아주심도 경험할 수 있습니다. 그런데 그 안에서 새롭게 깨달아지는 것이 있습니다. 그것은 아버지의 눈물, 아버지의 심장, 아버지의 마음입니다.

그 아버지의 마음이 깨달아지면, 아버지의 마음이 내 마음이 되고, 그 마음으로 세상을 바라보게 됩니다. 그리고 주님이 부르시는 그 날까지 주님의 마음이 되고, 주님의 눈물이 되어서, 그리고 주님의 손과 발이 되어 사역하게 되는 것입니다. 아버지가 외치기 원하는 곳에 가서 내가 외치고, 아버지가 찬양하기 원하는 곳에서 가서 내가 찬양하고, 아버지가 기도하기 원하시는 곳에 가서 내가 기도하는 것입니다. 이것이 온전한 그리스도인의 삶입니다.

예수 그리스도의 십자가와 부활만으로도 충분할 수 있습니다. 그런데 왜 오순절이라고 하는 사건을 우리에게 허락하셨습니까? 그것은 우리가 예수 그리스도의 죽음과 부활을 경험한 이후에 곧바로 우리를 하늘나라로 데려가시는 것이 아니기 때문에 그렇습니다. 하나님은 우리가 이 땅 가운데 살아가면서 하나님께서 쉬지 않고 이루어 가고 계시는 구원의 사역에 동참하기를 원하십니다. 이 땅에서 아버지의 마음을 품고 아버지의 손과 발이 되어 아버지처럼 일하기를 원하십니다. 그런데 성령 충만하지 않고는 이 사역을 온전하게 감당할 수 없습니다. 사역자들이 하나님 앞에 매어 달려서 더 성령 충만해야 될 이유도 바로 여기에 있습니다. 오순절의 성령 충만을 받아 거룩함의 능력을 힘입고 하나님 아버지의 마음을 깊이 깨달을 때, 비로소 하나님 아버지의 구원 사역을 넉넉하게 감당해 나갈 수 있기 때문입니다.

4. 예수를 경험하라! (이사야 61장 1-3절)
5. 예수를 예배하라! (마태복음 16장 13-20절)
6. 예수의 증인이 되라! (사도행전 10장 1-48절)

# PART II

> "예수를 말하고
> 예수를 말하게 하라!"

Chapter 4.
예수를 경험하라!

**이사야 61:1-3**

1 주 여호와의 영이 내게 내리셨으니 이는 여호와께서 내게 기름을 부으사 가난한 자에게 아름다운 소식을 전하게 하려 하심이라 나를 보내사 마음이 상한 자를 고치며 포로 된 자에게 자유를, 갇힌 자에게 놓임을 선포하며
2 여호와의 은혜의 해와 우리 하나님의 보복의 날을 선포하여 모든 슬픈 자를 위로하되
3 무릇 시온에서 슬퍼하는 자에게 화관을 주어 그 재를 대신하며 기쁨의 기름으로 그 슬픔을 대신하며 찬송의 옷으로 그 근심을 대신하시고 그들이 의의 나무 곧 여호와께서 심으신 그 영광을 나타낼 자라 일컬음을 받게 하려 하심이라

제가 어느 기독교 잡지 3월 달 특집호를 읽으면서 굉장히 충격을 받은 하나의 기사가 있었습니다. 미국의 목회자들이 한국교회가 지속적으로 부흥하는 이유를 알고 싶어서 큰 교회들을 중심으로 방문을 했다고 합니다. 아마도 한국에서 부흥하고 건강하다고 소문이 난 대표적인 모든 교회들을 방문했던 것 같습니다.

## 본질을 잃어버린 교회

그들은 돌아가기 직전 이런 인터뷰를 남겼다고 합니다. "한국교회는 정말 위대합니다. 한국교회는 정말 엄청납니다. 그런데 한국교회는 얼마 안 있어서 쇠퇴할 것입니다." 저는 깜짝 놀랐습니다. 그리고 왜 그들의 입에서 이런 말들이 나왔는지 관심을 가지고 그 기사를 읽어보기 시작했습니다. "한국교회는 부흥하고 지속적으로 성장하고 있지만 한국교회는 더 이상 예수를 말하고 있지 않았습니다. 한국교회가 교회성장을 위해서 프로그램을 이야기하고 여러 가지 것들을 도입하며 연구하고 있지만 그 강단에서 외쳐지는 메시지 안에 그리고 그 다음 세대들을 가르치는 교육 안에 예수가 사라져 가고 있는 모습을 발견했습니다. 어느 교회에 가든지 치유를 이야기하고, 내적성장을 이야기하고 뭔가 거창한 프로그램을 시행하고 있지만 사람들이 결단하고 깨달을 수 있도록 가르쳐주는 기독교의 가장 중요한 핵심, 예수를 말하는 교회들을 찾아보지 못했습니다. 예수가 말해지지 않으면 교회는 더 이상 성장할 수 없습니다." 이것이 그들의 결론이었습니다.

그리고 이 기독교 잡지에 큰 특집 기사가 실려 있었는데 그 주제가 바로 "설교의 중심은 예수다. 기독교의 중심은 예수다!" 라는 글이었습니다. 참 새삼스러운 일입니다. 왜냐면 우리가 말하지 않는다고 할지라도 기독교의 중심이 예수라는 것은 누구나 다 알고 있기 때문입니다. 그리고 말씀을 외치는 설교의 중심이 예수가 되어야 한다는 것을 너무나 잘 알고 있습니다. 그럼에도 불구하고 한국교회에 예수가 중심이 되지 못하고 예수가 말해지지 않는다는 것은 큰 문제이지 않을 수 없습니다.

저는 이전에 목회를 했었고 지금도 목회를 돕고 있습니다. 그래서 이러한 이야기를 단지 학자로서, 전도자로서 한국교회를 비평하기 위해서 말씀드리는 것이 아닙니다. 누구보다도 한국교회를 사랑하며 교회의 회복과 1907년도와 같은 영적인 부흥이 일어나기를 갈망하는 목사입니다. 그런데 중요한 것은 교회가 본질적인 요소를 놓쳐 버리고, 프로그램을 강조하기 시작하면서 교회는 힘을 잃어가게 된다는 것입니다.

사도행전 2장을 보면 그들이 성령을 경험하고 교회가 탄생되어지면서 예수의 죽음과 부활을 지켜보았던 12사도들과 무리들의 입에서 지속적으로 외쳤던 것이 바로 "예수! 예수!"입니다. 그 당시는 예수라는 이름을 말하기 쉬웠던 상황이 아니었습니다. 로마 황제 숭배사상이 가득 차 있었던 시기였습니다. 황제를 주로 고백할 것이냐, 예수를 주로 고백할 것이냐의 중요한 선택의 기로에 있었던 상황이었습니다. 그런데 바로 이 상황에서 그 당시의 기독교인들은 죽음을 무서워하지 않고, 핍박을 무서워하지 않고 예수를 주로 고백하기 시작했습니다. 그리고 놀라운 일들이 일어나기 시작했습니다. 사람들이 변화되기 시작했고, 예수를 믿는 자들이 늘어가기 시작했습니다. 기독교가 더 굳건하게 퍼져나가기 시작한 것입니다.

여러분, 초대교회는 돈도 없었고, 조직도 없었습니다. 또한 화려한 프로그램도 없었습니다. 초대교회에는 오늘의 교회가 가지고 있는 여타의 것들이 아무것도 없었습니다. 그러나 그들이 가지고 있었던 가장 중요한 한 가지가 있었는데 그것이 바로 예수 그리스도입니다. 그들은 그들이 보고 경험한 예수 그리스도를 말하지 않을 수가 없었습니다. 그래서 그들은 입을 열었습니다. 그리고 목에 칼이 들어온다고 할지라도, 죽는다고 할지라도 예수를 말하였습니다. 내가 먼저 그 예수를 경험할 때, 내가 먼저 그 예수 때문에 변화되어질 때, 내가 먼저 그 예수 때문에 은혜 받을 때 우리 가운데 놀라운 일들이 있어질 줄로 믿습니다.

여러분은 예수를 얼마나 경험해 보셨습니까? 문제가 있을 때마다 힘든 일이 있을 때마다 예수를 찾으십니까? 그 문제를 가지고 예수 앞에 나와서 무릎을 꿇습니까? 그 예수가 내 문제를 해결해 줄 분이라고 신뢰 하십니까? 내 입이 벌려져서 그 예수 앞에 부르짖는 모습이 있습니까? '내가 그 예수를 경험하기 원합니다. 내가 그 예수를 만나기 원합니다. 그 예수 때문에 문제가 해결되어지길 원합니다. 그 예수 때문에 치유되어지길 원합니다. 그 예수 때문에 내가 온전히 성장하기 원합니다. 기쁨이 생겨나기 원합니다. 소망이 생겨나기 원합니다.' 이러한 고백이 끊임없이 우리 안에 있어야 합니다.

### 하나님의 형상과 모습대로 지어진 인간

그렇다면 예수가 왜 우리의 궁극적인 소망이고 모든 능력의 중심이 됩니까? 왜 예수가 하나님이 우리에게 주신 최고의 선물입니까? 이사야 61장 1절-3절 말씀을 보도록 하겠습니다.

1 주 여호와의 영이 내게 내리셨으니 이는 여호와께서 내게 기름을 부으사 가난한 자에게 아름다운 소식을 전하게 하려 하심이라 나를 보내사 마음이 상한 자를 고치며 포로된 자에게 자유를, 갇힌 자에게 놓임을 선포하며
2 여호와의 은혜의 해와 우리 하나님의 보복의 날을 선포하여 모든 슬픈 자를 위로하되
3 무릇 시온에서 슬퍼하는 자에게 화관을 주어 그 재를 대신하며 기쁨의 기름으로 그 슬픔을 대신하며 찬송의 옷으로 그 근심을 대신하시고 그들이 의의 나무 곧 여호와께서 심으신 그 영광을 나타낼 자라 일컬음을 받게 하려 하심이라

이사야 선지자는 예수님이 오시기 700년 전의 사람입니다. 하나님은 예수님이 오시기 700년 전에 이사야를 통해서 이 땅에 오실 메시아인 예수가 어떤 분인지 명확하게 말씀하셨습니다. 이사야 선지자가 예언하고 있는 예수의 사역을 보면 실제로 신약의 어떤 성경 구절보다도 예수에 대해 더 명확하게 말해 주고 있습니다. 예수님이 이 땅에 오셔서 궁극적으로 어떤 일을 하실지, 어떤 해방을 주실지, 왜 예수가 우리의 메시아인지, 왜 예수가 우리의 소망인지를 명확하게 말해 주고 있는 것입니다.

하나님이 인간을 창조하실 때 우리를 문제 있게 창조하시지 않았습니다. 하나님이 인간을 창조하실 때 우리가 여러 가지로 고통당하도록 창조하시지 않았습니다. 그런데 우리가 나름대로 근심이 있고 고통이

있는 이유는 하나님의 창조하신 목적에서 벗어나 있기 때문입니다.

    하나님이 창조하신 목적 가운데 살면 우리 안에는 근심이 있을 수 없습니다. 그리고 두려움도 없습니다. 그런데 우리 안에 문제가 있고, 우리 안에 어려움이 있고, 우리 안에 힘들 게 느껴지는 무언가가 있다고 하는 것은 하나님이 창조하신 목적에서 우리가 벗어나 있다는 것을 증명하고 있는 것입니다.

    창세기에 보면 하나님이 인간을 창조하신 모습이 나옵니다. 하나님의 형상과 모습대로 창조하셨음이 창세기 1장에 기록되어져 있습니다. 하나님의 형상과 모습이라고 하는 것은 하나님의 내적인 성품을 의미하는 것입니다. 우리의 외적인 모습이 하나님을 닮았다고 하는 개념이 아니라 하나님의 모든 유전자가 우리 안에 그대로 부여되었다는 말입니다.

    쉽게 이야기하면 이렇습니다. 저에게 딸이 셋이 있습니다. 그 딸들은 저를 닮았습니다. 얼굴도 닮았지만 하는 행동은 더 닮았습니다. 왜냐하면 제가 아빠이기 때문입니다. 저의 딸들이 제 유전자를 가지고 있기 때문입니다. 저를 닮지 않았다면 제 딸이 아닐 것입니다. 이처럼 하나님이 우리를 창조하실 때 하나님의 형상과 모습대로 창조하셨다는 것입니다. 이것은 하나님이 가지고 계신 하나님의 전능하신 속성, 무한하신 속성, 하나님의 놀라운 모든 성품을 우리에게 그대로 부여해 주셨다는 것을 의미합니다.

    하나님이 나를 어떻게 창조하셨습니까? 하나님의 형상과 모습대로 창조하셨습니다. 이 사실이 왜 중요한 지 아십니까? 예수를 만나면 어떻게 변화되어야 할지 목표를 분명하게 정해 놓아야 합니다. 우리가 예수를 만나서 필요한 돈이 생기고 등록금만 생기면 되는 것이 아닙니다. 우리가 예수를 만나서 어디까지 회복되어져야 하느냐 그것을 알아야 합니다. 우리가 예수를 만날 때 어디까지 변화되어야 하는지 목표가 있어야 하는 것입니다.

많은 이들에게 열등감이 있습니다. '나는 공부를 못해.' '나는 못생겼어.' '나는 가난해.' 여러분, 왜 이런 열등감이 우리 안에 있는 줄 아십니까? 내가 못한다고 생각하기 때문입니다. 나는 죽었다 깨어나도 그것을 가질 수 없다고 생각하기 때문입니다. 나의 기원을 봅시다. 나는 하나님이 창조하셨습니다. 하나님이 나를 만드셨습니다. 하나님의 형상과 모습대로 만드셨습니다. 하나님이 가지고 있는 모든 유전자, 내적인 모든 성품을 나에게 부여해 주셨다는 말입니다. '내가 그런 사람이라고? 내 안에 그런 유전자가 있다고? 내 안에 그런 능력이 있다고? 나는 한 번도 생각해 보지 못했는데.' 라고 생각하실 수도 있습니다. 하지만 하나님이 나를 그런 존재로 만드셨습니다. 하나님과 똑같이 닮은 존재로 만들어 놓으셨다는 것입니다.

하나님이 인간을 만드시고 난 후 "보시기에 심히 좋았더라." 라고 말씀하셨습니다. 왜 하나님이 인간을 창조하시고 나서 보시기에 심히 좋았더라고 말씀하신 줄 아십니까? 그 이유는 인간이 하나님과 똑같이 닮은 자이기 때문에 그렇습니다. 자식을 낳아보면 알게 될 것입니다. 갓 태어난 아이가 핏덩이여도 내 자식이라서 얼마나 예쁜지 모릅니다. 말로 형용할 수가 없습니다. 앞서 말했듯이 저에겐 딸이 셋이 있습니다. 막내는 아들이기를 원했으나 또 딸을 낳았습니다. 그런데 너무 기뻤습니다. 분만실에서 나오는 간호사가 "공주님입니다." 라는 말을 제게 전해주었을 때, 너무나도 기뻤습니다.

하나님이 여러분을 바라보실 때, 여러분들을 향한 사랑에 겨워서 눈물을 흘리시는 이유가 여기에 있습니다. 여러분들이 아무리 큰 죄악 가운데 있다 할지라도 포기하지 못하는 이유가 여기에 있습니다. 자식들의 잘못을 고쳐주기 위해 회초리는 들 수 있어도 포기할 수 없는 것이 부모의 마음입니다. 바로 내 자식이기 때문입니다. 여러분이 하나님을 향해 어떠한 극단적인 평행선을 긋고 있을지라도 하나님이 여러분을 기다리고 계십니다. 하나님이 여러분을 포기하지 않으십니다.

혹시 여러분들 가운데 '내가 이런 죄를 지었는데 하나님이 나를 용서하실까? 하나님이 나에게도 은혜를 주실까?' 이런 생각을 가지신 분들은 지금 당장 떨쳐 버리시기 바랍니다. 마귀가 그런 생각으로 공격하지 못하도록 차단할 수 있기를 바랍니다.

### 죄로 인해 창조의 목적에서 벗어난 인간

하나님께서 하나님의 형상과 모습대로 나를 지으셨습니다. 그리고 창세기 2장 7절을 보니 하나님의 영을 나에게 불어 넣어주셨습니다. 하나님의 형상과 모습을 가지고 내 안에 있는 영이 하나님의 영과 교제하며 그 하나님을 예배하는 존재가 오리지널 한 인간의 모습이었습니다.

그런데 창세기 3장에 보니 인간이 죄를 짓습니다. 뱀의 모양을 하고 사단이 와서 아담과 하와를 유혹합니다. "동산 중앙에 있는 선악과를 따먹으면 너의 눈이 밝아져서 하나님처럼 될거야!" 라고 말입니다. 그 말을 듣고 하와가 선악과를 쳐다보니까 먹음직하고 보암직하고 지혜롭게 할 만큼 탐스러워 보이는 것입니다. 흔히들 우리들은 하나님이 따먹지 말라고 한 선악과를 따먹은 것이 죄라고 생각합니다. 그러나 깊이 있게 들어가면 더 큰 죄가 있음을 알 수 있습니다.

사단이 하와에게로 와서 "그것을 따 먹으면 하나님처럼 돼." 라고 말했습니다. 그리고 이 말에 동의하여 하와는 선악과를 따먹었습니다. 이 같이 하와가 선악과를 따먹은 행위에는 '나도 하나님이 되고 싶어.' 라는 하와의 내적인 의지를 담고 있습니다. 그런데 이 의지가 바로 죄입니다.

왜 하나님께서 인간에게 선악과를 따먹지 말라고 말씀하셨습니까? 모든 것을 주실 수 있는 분이 왜 선악과만큼은 아담과 하와에게 허락하시지 않으셨던 것일까요? 인간이 하나님과 똑같이 지어진 존재이지만 하나님과 다른 것이 있습니다. 하나님은 창조주이고, 인간은 피조물이라는 것입니다. 아무리 인간이 하나님과 똑같이 지음 받아서 하나님의 내적인 성품을 다 가지고 있으며 하나님의 영이 그 안에 있어서 하나님과 교통할 수 있다 할지라도, 하나님과 다른 점이 한 가지 있습니다. 그것은 바로 하나님은 나를 만드신 분이라는 것입니다.

그래서 하나님이 우리에게 요구하시는 것이 있습니다. 창조주 하나님을 기억하라는 것입니다. 그런데 그 사실을 잊어버리고 피조물인 인간이 하나님의 자리에 치고 올라가려고 하는 것이 바로 죄입니다. 내가 죄를 지었다는 것은 한 번의 실수, 한 번의 잘못을 의미하는 것이 아닙니다. 내가 하나님의 자리에 올라서서 내가 하나님이 되는 것을 의미하는 것입니다. 하나님을 배제시키고 하나님의 자리에 올라서는 것이 바로 죄입니다.

그 죄로 말미암아 하나님의 형상이 깨어지기 시작했고, 결국 오늘 우리의 모습이 되어버린 것입니다. 근심하고 걱정하고 눈물 흘리고 안타까워하고 힘들어하는 우리의 모습은 죄의 결과에서 비롯된 것입니다. 손을 들고 찬양하며 감동이 있는 것 같지만 집회 밖으로 나가면 근심이 찾아오는 존재로 우리들이 변했다는 것입니다. 무엇 때문입니까? 죄 때문입니다. 우리 인생의 궁극적인 문제는 돈의 문제가 아닙니다. 우리 인생의 궁극적인 문제는 관계의 문제가 아닙니다. 본질적인 우리의 문제는 하나님이 나를 창조하신 그 원형의 모습이 죄로 인해 깨어졌다는 것입니다.

## 회복을 약속하신 하나님

하지만 하나님은 죄를 지은 인간을 포기할 수 없으셨습니다. 그 인간을 창조하셨고 그 인간을 사랑하시기 때문입니다. 그렇다면 죄를 지은 인간이 깨어진 하나님의 형상을 회복할 수 있는 방법이 어디에 있습니까? 돈이나 인간의 노력과 같은 이 땅의 방법에 있지 않습니다. 인간관계의 회복이나 건강, 도덕, 철학, 과학도 해결할 수 없습니다. 깨어진 하나님의 형상과 모습이 회복되어질 수 있는 유일한 방법은 오직 예수 그리스도입니다. 그것이 바로 하나님이 정하신 방법입니다.

창세기 3장 15절은 "내가 너로 여자와 원수가 되게 하고 네 후손도 여자의 후손과 원수가 되게 하리니 여자의 후손은 네 머리를 상하게 할 것이요. 너는 그의 발꿈치를 상하게 할 것이니라." 라고 말씀하고 있습니다. 하나님이 타락한 인간을 그냥 내버려두지 아니하시고 직접 찾아가셔서 그들을 회복시키시려고 하셨습니다. 그러나 그 타락한 인간은 죄책감으로 인한 두려움으로 하나님이 설득하시는데도 그 설득을 받아들이지 못했습니다. 그 이야기가 창세기 3장 8절부터 13절까지 나와 있습니다. 하나님이 직접 찾아가셔서 설득하셨어도 받아들이지 못하는 것이 죄의 영향력입니다. 죄가 이렇게 무서운 것입니다.

그러나 하나님은 이러한 인간을 포기할 수 없었습니다. 그래서 4천년 뒤에 일어날 일들을 미리 가르쳐주셨습니다. 내가 너희를 구원하고 회복할 수 있는, 너희를 창조질서 안으로 돌이킬 수 있는 예수 그리스도를 보내겠다는 약속의 말씀을 주셨습니다. 그 약속이 창세기 3장 15절에 나와 있는 것입니다.

이 약속의 내용을 좀 더 구체적으로 살펴보면 이렇습니다. '내가 너와 여자의 후손과 원수가 되게 하겠다.'에서 '너'는 뱀 즉, 사단을 말합니다. '뱀과 여자와 원수가 되게 할 텐데 너의 후손은 여자의 후손의 발꿈치를 상하게 할 것이요. 여자의 후손은 네 머리를 상하게 할 것이다.' 라고 말씀하십니다. 이것은 비유적인 표현입니다. 여자의 후손이라는 말은 남자를 알지 못하고 순수한 동정녀에서 태어날 메시야를 이야기합니다. 원어의 뜻을 살펴보면 '여자의 후손과 씨' 라는 말 안에 남자가 배제된 동정녀 안에서 태어나실 예수 그리스도가 예표 되어 있습니다.

그리고 사단이 아무리 발악을 하더라도 예수 그리스도의 발꿈치 정도를 상하게 하는 일이 될 것이라는 것을 이야기하고 있습니다. 사단은 이 땅을 구원할 메시아가 예수 그리스도임을 알았습니다. 그리고 그 메시야가 인간을 죄 가운데에서 구원할 하나님의 궁극적인 방법이라는 것도 알았습니다. 그러나 사단이 그 일을 방해하기 위해 기껏 한 일이 바로 대제사장들과 장로들을 속여 그들의 마음을 움직여서 예수를 십자가에 못 박은 일입니다.

예수를 십자가에 못 박혀 죽게 했을 때, 아마 사단은 '이제 끝났구나. 예수의 일은 끝났구나. 이제 이 땅은 내 세상이구나.' 라고 생각했을지도 모릅니다. 그러나 예수님은 십자가에 죽으시고 사흘 만에 부활하셨습니다. 죽음에서 부활하셨다고 하는 것은 사망의 권세를 이기시고 나오신 것을 말합니다. 흑암의 모든 권세를 이기시고 멸하신 사건이 바로 부활의 사건입니다. 이것이 성경에 '여자의 후손은 네 머리를 상하게 할 것이니라.' 라고 표현되어 있습니다.

### 예수가 우리의 궁극적인 소망인 이유

성경을 약속과 성취의 관점에서 보자면 창세기 1장, 2장, 3장은 굉장히 중요한 장입니다. 오늘 우리가 왜 예수를 경험해야 되는지 그 근거가 여기에 있습니다. 무작정 내 작은 문제를 해결하기 위해서 예수를 경험해야 되는 것이 아닙니다. 교회를 다니기 때문에 예수를 경험해야 되는 것도 아닙니다. 왜 예수를 경험해야 하는지, 왜 예수가 나의 중심이 되어야 하는지, 왜 예수가 하나님의 궁극적인 소망이 되어야 하는지가 성경에 기록되어 있습니다.

나의 모든 문제는 죄로부터 왔습니다. 죄의 문제가 해결되어지지 않고는 절대 우리가 하나님이 창조하신 목적대로 회복될 수 없습니다. 반드시 죄의 문제가 해결되어져야 하나님이 나를 창조하신 목적대로 회복될 수 있습니다. 그렇기 때문에 하나님이 우리의 죄를 해결하시기 위해서 예수를 이 땅에 보내신 것입니다.

'예수를 믿는다, 교회를 다닌다.' 라는 것은 말 그대로 예수를 믿는다는 것입니다. 예수가 모든 문제의 해결자이며 구원자이심을 신뢰한다는 것입니다. 그러나 우리의 삶을 보면 매 순간 예수께 나를 의탁하지 않습니다. 예수가 어떤 능력이 있는지 그 예수가 왜 우리에게 소망이 되는지 날마다 묵상하지 않습니다. 여기에 문제가 있는 것입니다. 예수를 믿으면서도 예수 안에 있는 능력과 권세를 경험하지 못하는 데에 문제가 있는 것입니다.

그러므로 내가 예수를 온전히 신뢰할 수 있어야 합니다. 그래서 깨어진 모든 하나님의 형상과 모습이 회복되어질 수 있어야 합니다. 예수 이외에 다른 어떤 은혜를 구하지 마십시오. 다른 프로그램을 구하지 마십시오. 내 안에 상처, 문제가 있어도 그 문제를 궁극적으로 해결해 주실 분은 예수 그리스도이십니다. 나에게 있는 모든 어려움에서 궁극적으로 구원해 주실 분은 예수 그리스도 한 분 뿐입니다.

저는 돌아가신 김준곤 목사님을 참 존경합니다. 저희 국제전도훈련원에서 2007년도에 제2회 어웨이크닝 집회를 치악산에서 열었을 때 김준곤 목사님을 초청하였던 적이 있습니다. 그분을 존경하는 이유는 이렇습니다. 그분이 CCC 라는 캠퍼스 선교단체를 만드시고 이러한 메시지를 선포하셨습니다. "여러분, 우리의 모든 문제를 해결하실 수 있는 분은?" 이라고 김준곤 목사님이 회중을 향해 물으시면 몇 천 명의 CCC 학생들이 다 같이 "예수 그리스도!" 라고 외칩니다. 그 소리를 듣는데 저의 오금이 저리고 머리가 바짝 섰습니다. 그들은 전심을 다해서 "예수 그리스도!" 라고 외쳤습니다. "이 나라의 중심을 바로 잡을 수 있는 분도?" "예수 그리스도!", "우리들의 흩어진 교육을 바로 잡을 수 있는 중심도?" "예수 그리스도!" 모든 문제의 해답은 예수 그리스도라는 것입니다.

그분이 천국으로 가신 지금, 그 만큼의 열정을 가지고 그 만큼의 뜨거움을 가지고 예수가 우리 문제의 해답이라고, 예수가 이 세상의 소망이라고, 예수가 이 세상의 궁극적인 답이라고 이야기할 사람이 사라졌다는 것에 대해 마음이 많이 아픕니다. 부족하지만 이 글을 통해 여러분들이 예수가 내 인생의 해답임을 절실하게 경험하고 깨달을 수 있기를 간절히 소망합니다.

죄로 인해 하나님의 형상과 모습을 잃어버리고 타락한 인간이 회복되어지기 위해 궁극적인 해결책으로 하나님이 보내주신 분은 예수 그리스도 한 분 밖에 없습니다. 따라서 기도의 중심도 예수, 은사의 중심도 예수, 모든 프로그램의 중심도 예수, 모든 사역의 중심도 예수 그리스도이어야 합니다.

"인생의 문제의 해답은?" "예수 그리스도!" 라고 크게 외칠 때 그 외침 속에 성령의 기름부음이 있어지기를 원합니다. 확신을 갖고 외치십시오. '예수님, 지금 이 시간에 나를 만나주십시오. 예수님 내 문제를 해결하여 주십시오. 내가 더 이상 이렇게 살아갈 수 없습니다. 나그네처럼 왔다가는 이 세상에서 예수님 때문에 내가 천국을 경험하며 살아갈 수 있도록 해주십시오.' 이 소망이 여러분 안에 회복되길 원합니다.

### 약속된 메시아의 사역

이사야 61장에 보면, 하나님께서 창세기 3장 15절에 약속하신 그 예수가 오실 때가 가까워지자 이사야의 입을 열게 하셨습니다. 그리고 "이미 약속한 메시야를 너희에게 보내줄 것이다. 그리고 그 메시야가 너희에게 이러한 역사를 일으킬 것이다." 라고 선포하게 하셨습니다. 이사야 61장 1-3절까지의 말씀을 다시 보도록 하겠습니다.

> 1 주 여호와의 영이 내게 내리셨으니 이는 여호와께서 내게 기름을 부으사 가난한 자에게 아름다운 소식을 전하게 하심이라 나를 보내사 마음이 상한 자를 고치며 포로된 자에게 자유를, 갇힌 자에게 놓임을 선포하며
> 2 여호와의 은혜의 해와 우리 하나님의 보복의 날을 선포하여 모든 슬픈 자를 위로하되

3 무릇 시온에서 슬퍼하는 자에게 화관을 주어 그 재를 대신하며 기쁨의 기름으로 그 슬픔을 대신하며 찬송의 옷으로 그 근심을 대신하시고 그들이 의의 나무 곧 여호와께서 심으신 그 영광을 나타낼 자라 일컬음을 받게 하려 하심이라.

이사야 61장은 '주 여호와의 영이 내게 내리셨으니' 라고 시작되면서 예수의 사역이 어떻게 시작될 것인지를 이야기하고 있습니다. '내게 내렸다'는 것은 이사야에게 임한 것이 아니라 예수님에게 하나님의 영이 임함으로 예수의 사역이 시작되어짐을 의미합니다. 그리고 예수의 사역이 시작됨으로 말미암아 하나님이 그렇게 고대하셨던 인간 회복의 날이 시작되었음을 선포하고 있는 것입니다.

인간은 예수를 기다리지 않았어도 예수에게 어떤 능력이 있는지 알지 못하였어도 하나님은 기다리셨습니다. 4천년 동안 기다리셨습니다. 그 예수가 이 땅에 오게 되면 죄로 인해 무너지고 쪼개어지고 상처입고 힘든 모든 자들이 예수로 말미암아 다시 회복되어질 수 있기 때문입니다. 이것이 자식을 향한 아버지의 마음입니다. 우리를 향한 하나님의 마음인 것입니다.

저는 복음적인 관점으로 성경을 보면서 이 아버지의 마음에 대해서 초점이 맞춰지기 시작했습니다. 하나님은 영원하신 분이시며 태초부터 계신 분입니다. 그 영원하신 분이 인간이 타락한 그 순간부터 마음이 아프기 시작하셨습니다. 부러울 것이 없으신 전능하신 하나님이 인간이 타락한 순간부터 근심이 생기기 시작했습니다. '어떻게 하면 내 자식들을 회복시킬 수 있을까? 어떻게 하면 내 자식들을 온전히 성하게 할 수 있을까? 어떻게 하면 창조질서 안으로 내 자식들을 다시 한 번 돌이킬 수 있을까?' 그렇게 고민하셨습니다. 그리고 하나님이 우리에게 약속하신 분이 예수 그리스도입니다. '내 하나밖에 없는 독생자를 이 땅에 보내서 타락한 나의 자녀들을 회복시키리라.' 이것이 하나님의 궁극적인 목적입니다. 이것이 성경을 꿰뚫는 구속의 역사입니다.

예수가 오시기 700년 전에 하나님이 세우신 대선지자 이사야를 통해서 너무나 기뻐하며 말씀하신 것입니다. 왜냐하면 하나님이 예수를 약속해주신 이후로 3300년이 흘렀고, 이때를 하나님이 기다리셨기 때문입니다. '빨리 시간이 지나가기를. 그리하여 나의 자녀들이 회복되기를.' 우리에게도 이 아버지의 마음이 생겨날 수 있었으면 좋겠습니다. 아버지께서 예수를 통해 이 땅에 궁극적인 회복의 역사가 시작될 것을 기대하신 것처럼 우리 안에도 '예수여, 내 안에 오시옵소서. 나를 회복시키시옵소서. 나를 변화시켜 주시옵소서.' 라는 놀라운 기대와 소망이 있기를 바랍니다.

### 주의 영이 내게 내리셨으니

700년을 앞두고 예수님이 대선지자 이사야를 통해 말씀하셨습니다. '나의 영이 내가 보낸 아들 예수와 함께 함으로 말미암아 이제 이 땅에 회복의 날이 시작될 것이다.' 그리고 이 예언이 신약에서 그대로 이루어졌습니다.

예수님의 공생애 시작은 세례를 받으심으로 시작됩니다. 예수님이 물속에 들어갔다가 나올 때 위에서 하늘 문이 열리고 성령이 비둘기처럼 임하셨습니다. 여러분, 성경은 하나도 틀린 것이 없습니다. 이사야가 예언한 그 예언이 700년이 지나서 그대로 이루어졌습니다. 본격적인 인간의 회복 시대가 도래하기 시작한 것입니다.

누가복음 4장 21절에 보면 예수님이 본격적인 사역을 시작하실 때, 나사렛 동네 회당에 들어가셔서 성경을 읽으시는 장면이 나옵니다. 예수님이 읽으신 말씀의 본문은 이사야 61장 1-2절입니다. 그리고 "이 글이 너희 귀에 응하였느니라." 라고 나옵니다. 이미 예수님은 구약시대 때 선지자를 통해 예언하신 말씀을 알고 계셨습니다.

당신의 사역이 시작되는 시점에 회당에 들어가셔서 이 말씀을 선포하시고 가르치시면서 이사야 선지자를 통해 예언된 이 말씀이 이루어졌기에 이 시간 이후부터는 본격적인 회복의 시간임을 선포하고 계신 것입니다. 그 회복의 시간 안에 우리 또한 있는 줄로 믿습니다. 왜냐하면 회복의 역사가 아직 끝나지 않았기 때문입니다. 예수님께서 십자가에서 죽으시고 3일 만에 부활하시고 승천하신 지 2천년이 지났지만 아직 종말은 오지 않았습니다. 그렇기 때문에 지금 이 시간은 회복의 시간입니다.

이사야 61장 1절에서 3절 말씀을 보면 예수님께서 마음이 상한 자를 고치며 포로 된 자에게 자유를, 갇힌 자에게 놓임을 선포하며 여호와의 은혜의 해와 우리 하나님의 보복의 날을 선포하여 모든 슬픈 자를 위로하겠다고 나옵니다. 이 말씀을 정리해보면 예수 그리스도가 이 땅에 오셔서 본격적으로 크게 두 가지 사역을 하시겠다는 것입니다. 첫 번째는 '하나님의 은혜'가 선포되며, 두 번째는 '하나님의 보복의 날'이 선포된다는 것입니다. 다시 말해서, 예수님이 이 땅에 오셔서 하시는 궁극적인 일 두 가지는 '하나님의 은혜'와 '하나님의 보복'이라는 것입니다.

여러분, 우리가 예수를 믿을 때, 이 사실을 명확하게 받아들이고 기도할 때 이 말씀이 내 말씀이 됩니다. 이 말씀을 붙잡고 기도하면 그 말씀이 내 안에 이루어지는 것입니다. 이것이 예수를 경험해 가는 길입니다. 이렇게 예수 때문에 내가 회복되어지고, 예수 때문에 내가 보복의 날을 경험할 수 있는 것입니다. 그렇다면 구체적으로 어떤 은혜와 어떤 보복의 날이 우리에게 주어진 것일까요?

### 은혜의 해를 선포하심

예수가 오셔서 하신 첫 번째 일은 '하나님의 은혜의 해'를 선포하신 것입니다. 여기서 말하는 은혜란 매인 것을 풀어주고 죄를 사면해주시는 것을 의미합니다. 우리에게 어떠한 자격이 있어서가 아닙니다. 내가 죄 용서 받을 만한 어떠한 조건이 충족되어서가 아닙니다. 전적인 하나님의 은혜입니다.

죄는 우리로부터 하나님과의 관계를 단절시켰고 그 단절된 틈으로 사단이 비집고 들어와 나를 죄의 종으로 끌고 다녔습니다. 그러면서 나를 죄로 묶어놓고 매여 놓아 내 힘으로 그것을 벗어 날 수 없도록 만들어놓은 것이 얼마나 많이 있는지 모릅니다. 그런데 예수가 오셔서 그 모든 묶인 것들을 풀어놓으셨습니다. 그 매인 모든 것들이 끊어졌습니다. 이 놀라운 은혜가 경험되어질 수 있기를 원합니다.

예수를 믿어도 교회를 다녀도 이 사실을 알지 못하고, 또한 이 사실을 알면서도 예수의 이름을 부르짖으면서 기도하지 않는다면 우리에게 매여져 있는 죄의 사슬은 끊어질 수 없습니다. 그렇기에 우리는 이 진리를 알아야 하고 확신해야 합니다. 그리고 부르짖어야 합니다. 이것이 예수가 오셔서 하신 사역이기 때문입니다. 나에게 매인 것이 무엇이 있는지, 내가 지금 어떠한 사슬에 매여 있는지 생각해 볼 수 있기를 바랍니다. 그리고 그 매여진 부분들이 발견되었다면, 이제 그 부분을 놓고 예수의 이름을 선포하며, 그 매인 것들이 풀어지는 놀라운 역사를 경험할 수 있기를 소망합니다. 바로 이것이 은혜의 해의 선포라는 것입니다.

### 가난한 자에게 아름다운 소식을 전하다

은혜의 해가 선포되면 구체적으로 어떠한 일이 일어날지 성경에서 자세히 말해주고 있습니다. 첫 번째는 가난한 자에게 아름다운 소식을 전해주시겠다고 합니다. 여기에서 '가난한 자'를 달리 표현하면 '빚에 짓눌려있는 자' 라고 이야기할 수 있습니다. 문자적으로 본다면 가난하다는 것은 아무것도 없는 상태를 말합니다. 그리고 아무것도 없이 빚진 자들을 의미합니다.

사업을 하다가 부도가 나면 빚에 찌들게 됩니다. 빚쟁이들이 집으로 찾아오고 차압이 들어오면 집집마다 딱지가 붙게 됩니다. 그러면 돈을 아무리 열심히 벌어도 내 마음대로 쓸 수 없게 됩니다. 이것이 예수가 이 땅에 오시기 전에 우리의 삶의 모습입니다. 예수가 이 땅에 오시기 전 우리의 삶은 이렇게 빚진 자의 삶이었다는 것입니다.

아무리 내가 노력을 하고 아무리 내가 나를 위해 살아도 나를 변화시키는 데에는 한계가 있습니다. 내가 아무리 돈을 많이 번다고 할지라도 내가 아무리 많은 것을 소유한다 할지라도 그것이 나의 본질적인 문제를 해결해주지 못합니다. 그 모든 것이 쌓여있다고 할지라도 예수가 오시지 않으면 우리는 빚진 자로 살아갈 수밖에 없습니다. 모든 것에 차압이 들어왔습니다. 여기도 딱지가 붙고 저기도 딱지가 붙고 이제는 내 힘으로 할 수 있는 것이 아무것도 없습니다. 얼마나 절망가운데 있는 인생인지 모릅니다.

그 빚진 자의 삶에 하나님께서 무엇을 베풀어 주시겠다고 하시는 것입니까? 바로 예수를 통해서 아름다운 소식을 전해주시겠다고 하는 것입니다. 나는 그 빚을 해결 받을 만한 자격이 없는데 그 빚의 모든 문제를 하나님께서 청산해주시겠다고 하는 것입니다. 누구를 통해서입니까? 예수입니다. 예수를 통해 내 인생을 되찾아주시겠다는 것입니다.

여러분, 이것이 기쁜 소식입니다. 저는 여러분이 진정으로 예수님을 만남으로 말미암아 여러분의 인생이 되찾아질 수 있기를 원합니다. 기대하십시오. 그 예수를 부여잡고 나아갈 때 내가 이제까지 경험하지 못했던 놀라운 삶이 되찾아지는 것을 말입니다. 바로 이것이 예수가 이 땅에 오셔서 궁극적으로 하시겠다는 첫 번째 사역입니다.

## 마음이 상한 자를 고치다

두 번째로 예수가 이 땅에 오셔서 '마음이 상한 자를 고치겠다.'고 성경에 기록되어 있습니다. 죄가 하는 여러 가지 일이 있습니다. 이 죄가 하는 일이 우리로 하여금 수치심을 가져오게 만들고 우리의 기쁨과 의욕을 빼앗아가고 대신에 우울증과 정신적인 질환을 주며 다른 사람을 미워하고 시기하고 오해하고 업신여기게 해줍니다. 사실은 내가 누군가를 미워하지 않으려고 해도 계속 미워하게 되는 이유가 있습니다. 내 안에 죄가 있기 때문입니다. 내 죄의 문제가 예수를 통해서 해결되지 않는 한 나는 미움과 시기 등과 같은 악한 마음을 버릴 수 없습니다.

혹여나 용서할 수 없는 사람이 있는 분은 마음속으로 생각해 보십시오. 용서하지 못한 사람이 있습니까? 내 마음에 열등감이 있습니까? 내 마음속에 시기하는 사람이 있습니까? 나보다 잘 되는 사람이 밉던가요? 나를 인정해주지 않는 그 사람이 정말 쳐다보기도 싫던가요? 이것은 다 상처입니다.

실은 제가 목회를 하면서 알게 된 사실이 있습니다. 상처투성이인 사람들이 모인 곳이 교회 아닙니까? 물론 목회자도 완벽한 사람은 아닙니다. 그런데 그 상처가 회복되어져가는 곳이 교회이지만 그 교회가 예수를 찾지 않는 한 그 상처들은 지속됩니다. 예수를 찾아 예수를 만나야지만 그 상처가 치유될 수 있습니다. 그리고 그 상처가 회복되어져야 교회가 천국이 됩니다. 그래야 이 땅의 교회가 이 세상을 바꿀 수 있는 전초기지가 될 수 있는 것입니다.

### 포로된 자에게 자유를, 갇힌 자에게 놓임을 주다

세 번째, "포로된 자에게 자유를, 갇힌 자에게 놓임을 주게 하려 하심이라."고 성경에 기록되어 있습니다. 여기서 포로 된 자는 '노예' 라고 이야기할 수 있고, 갇힌 자는 '죄수' 라고 이야기할 수 있습니다. 다시 말하자면, 죄가 가져온 또 다른 결과가 '소외' 라고 하는 것입니다. 이 죄는 우리로 하여금 관계에서 소외되게 만들고 사람에게서 소외되게 만들고 여러 가지 조직에서 소외되게 만듭니다. 얼마나 많은 사람들이 소외감을 가지고 살아가는지 모릅니다. '왜 저 사람이 나를 인정해주지 않지?, 왜 나는 이렇게 인정받지 못하고 혼자 외롭게 살아가야 할까?' 라고 많은 사람들이 고민하곤 합니다. 그런데 예수가 오셔서 궁극적으로 하실 일이 그렇게 소외된 자를 다시금 회복시켜주시는 일입니다.

포로 된 상태가 더 심화되면 갇힌 상태가 됩니다. 그런데 포로된 상태에 있던 자든지 갇힌 자의 상태에 있던 자든지 예수를 만나면, 그 예수 안에서 그 모든 문제가 해결되어질 수 있다고 성경은 이야기합니다. 여러분, 예수가 능력입니다. 예수가 해결자입니다. 그 예수를 만나야 그 소외됨에서 벗어날 수 있습니다. 다른 사람의 문제가 아니라 예수를 온전히 믿지 못하는 내가 문제인 것입니다. 다른 사람이 나를 어떻게 보더라도 내 안에 예수로 인해 참 만족이 있다면, 나는 넉넉히 이 세상을 이기며 살아갈 수 있습니다.

예수가 오셔서 은혜의 해를 선포하신다고 하실 때의 은혜는 3가지입니다. 가난한 자에게 아름다운 소식을 전해주시고, 마음이 상한 자를 고치시며, 포로 된 자와 갇힌 자에게 자유와 놓임을 주겠노라고 약속하십니다. 여러분 안에 어떤 하나가 걸리는 부분이 있다면 예수님 앞에 온전히 내려놓으시기 바랍니다. '예수님, 제 안에 이러한 부분이 있습니다. 실질적으로 제가 빚을 지지 않았지만 마치 빚진 자처럼 억눌리고 갇혀있어 자유함이 없이 살아가고 있습니다. 이러한 상태에 있는 저에게 자유함을 주십시오. 예수님이 오셔서 저의 빚을 다 갚아주셨다는 사실을 제가 믿습니다. 예수님, 저에게 해방을 주십시오.' 예수님의 사역을 믿는 자는 이렇게 기도할 때, 주님의 은혜를 경험할 수 있을 것입니다.

그리고 여러분 마음 안에 있는 모든 상처들 또한 예수님 앞에 내려놓으십시오. 한 사람만 붙잡고 이야기해보면 그 사람 마음속에 얼마나 많은 상처가 있는지 모릅니다. "목사님이 나를 사랑하지 않고요. 내 친구들이 나를 사랑하지 않고요. 우리 아빠 엄마가 나를 사랑하지 않고요. 나는 늘 외톨이에요." 이 모든 것이 죄로 인해 생겨난 상처들입니다. 이와 같은 우리의 모든 상처들이 예수그리스도 안에서 회복되어질 수 있습니다. 이 상처가 다 회복되어져야 세상을 바로 볼 수 있습니다. 이것이 회복되어지면 어떤 일들이 일어나는지 아십니까? 우리가 살아가는 이 땅이 천국이 되는 것입니다. 비록 문제 많은 이 땅을 살아간다 할지라도 그 분의 임재 속에서 천국을 경험하며 살아갈 수 있는 것입니다.

### 보복의 날을 선포하심

예수님께서 이 땅에 오셔서 하실 두 번째 사역은 '하나님의 보복의 날'을 선포하는 것입니다. 개역한글 성경에는 '하나님의 신원의 날'이라고 기록되어 있습니다. 신원의 날, 보복의 날이라는 것은 내가 죄 때문에, 그리고 그 죄를 가져다 준 사단 때문에 당했던 모든 억울함과 고통을 예수님께서 다 보복해주시는 날이라고 하는 것입니다. 죄에 가려져 우리에게 주어진 모든 부작용들, 예를 들면 열등감, 우울증, 고독, 불안, 고통 등 사단으로 인해 내가 당했던 많은 어려움들을 예수가 나를 대신해서 보복해주시는 날이 바로 이날이라고 하는 것입니다.

우리를 위한 하나님의 보복으로 성경에서는 세 가지가 나옵니다. 첫 번째 재 대신 화관을, 두 번째 근심대신 찬송의 옷을, 세 번째 의의 나무가 되어 계속 열매 맺게 하심입니다.

### 재 대신을 화관을 씌어주다

고대 근동의 이스라엘 사람들은 슬픔이 있을 때 재를 뒤집어쓰고 우는 전통이 있었습니다. 그러나 하나님이 태초에 인간을 창조하셨을 때 우리가 슬프게끔 만들지 않으셨습니다. 따라서 슬픈 마음은 창조질서에서 위배된 비정상적인 것입니다. 분명히 기억하십시오. 내 마음이 슬픈 것은 비정상적인 것입니다. 그때 필요한 것이 예수입니다.

그리고 내 마음이 뭔가 불안하다는 것도 비정상적인 것입니다. 왜냐하면 하나님은 나를 불안해하며 살아가도록 만들어놓지 않으셨기 때문입니다. 그래서 내가 불안할 때 필요한 분이 누구입니까? 예수입니다. 이것은 굉장히 중요한 것입니다. 죄 때문에 슬프고 슬퍼하기 때문에 재를 뒤집어쓰며 살아왔던 나에게 예수님이 찾아오셨습니다. 그리고 재를 머리에 뒤집어쓴 나에게 그 재 대신 화관을 씌어주신다고 하셨습니다. 이것이 하나님의 보복입니다. 하나님의 회복입니다. 하나님의 보상입니다. 나를 슬픔의 주인공에서 기쁨의 주인공으로 바꿔주시겠다는 것입니다. 내가 재를 뒤집어썼어도 그 재 대신 화관을 씌어주시는 분이 예수님이십니다.

스스로 꽃을 꽂으면 이상한 사람이 됩니다. 그런데 예수님이 화관을 씌어주시면 기쁨의 주인공이 됩니다. '예수님 나는 왜 이렇게 슬픈 일이 많은지 모릅니다. 내 인생은 이렇게 파란만장한지 몰라요. 뭔가 일을 해도 제대로 되지 않았어요. 예수님 내 머리에는 항상 재가 뒤집어 씌어져있었어요. 나는 맨날 혼자 슬퍼하고 울고 지내왔어요. 그런데 내가 이번 기회에 예수님을 만남으로 말미암아 그 예수를 경험함으로 말미암아 그 예수님 때문에 내 머리에 화관이 쓰는 날이 있기를 원합니다. 기쁨의 주인공이 되길 원합니다.' 이 소망함이 여러분 안에 있어질 수 있기를 원합니다. 이것은 예수를 만나야 가능한 것입니다.

## 근심 대신 찬송의 옷을 주신다

두 번째, 근심 대신 찬송의 옷을 주신다고 하셨습니다. 근심이 많은 사람의 가장 큰 특징은 아름답지 못하다는 것입니다. 근심하는 사람들을 보면 참 추해보입니다. 그런데 하나님께서 근심하는 추한 모습에서 아름다운 소망의 모습으로 바꾸어주시겠다고 말씀하고 계십니다. 성령이 임재 하셔서 내 마음속에 기쁨을 주시고 회복을 주실 때 나도 모르게 입에서 찬송이 흘러나올 때가 있습니다. 또 어떤 찬양을 들으면 그 찬양이 뇌리에 박혀서 길을 걸어가면서도 계속 그 찬양이 흥얼거려질 때가 있습니다. 어떤 때는 잠을 자는데도 찬양이 내 마음에서 흘러나옵니다. 저는 그런 경험을 한 적이 있습니다. 얼마나 평안하고 기쁜지 모릅니다. 내가 하고 싶어서 하면 귀찮겠지만 가만히 있는데도 내 마음속에서 찬양이 흘러나오는 것입니다. 자는데도 내 영은 깨어서 하나님을 찬양할 수 있었습니다. 그런 놀라운 일들이 예수 그리스도 안에서 여러분들안에 있어질 수 있기를 원합니다.

이게 회복입니다. 하나님 이렇게 우리를 만드셨습니다. 우리를 근심하게끔 만드시지 않으셨습니다. 재를 뒤집어쓰고 우울하게 살아가도록 만들지 않았습니다. 하나님은 우리를 늘 즐거워하며 찬송하도록 만들어주셨습니다. 예수를 통해서 이 모습들이 회복되어질 수 있기를 원합니다.

### 의의 나무가 되어 열매를 맺게 하다

마지막 세 번째로 기쁨이 회복되고 찬송이 회복되는 것으로 끝나지 않고 우리를 의의 나무가 되게 하셔서 열매 맺을 수 있도록 해주시겠다고 성경에 기록되어 있습니다. 예수를 만나기 전에 나는 열매를 맺을 수 없는 잡목이었습니다. 그런데 예수를 만남으로 말미암아 변화되어졌습니다. 열매 맺을 수 없는 나무도 열매 맺을 수 있도록 하시는 분이 예수님이십니다.

하나님은 우리가 예수를 통해 회복됨으로 말미암아 지속적으로 우리에게 좋은 열매가 맺히기를 원하십니다. 근심하면서 슬퍼하면서 좋은 열매를 맺을 수 없습니다. 근심하면 근심의 열매가 맺히고 슬퍼하면 슬픔의 열매가 맺힙니다. 우리에게 근심하면서 맺힌 열매가 얼마나 많은지 보십시오. 슬퍼하면서 맺힌 열매가 얼마나 많은지 보십시오. 만약 나의 가정이 우울하고 소망이 보이지 않는다면, 그 모든 열매의 결과는 나에게 있는 것입니다. 그것은 예수님 때문에 기뻐하고 찬송해야 하는데 그 모든 것들이 회복되지 않았기 때문입니다.

나는 나 혼자 근심한다고 생각했지만 그 영향력이 내 가족 전체로 흘러가고 있는 것입니다. 내 남편, 내 아내, 내 자녀들에게 흘러가서 우리 가족 전체가 우울해지고 암울해져서 하나님이 우리 가정을 향해 어떠한 말씀을 하셔도 듣지 못하는 일들이 일어난다는 것입니다. 그런데 이제 예수가 오셔서 우리에게 재 대신 화관을 근심 대신 찬송을 주심으로 말미암아 이제는 하나님 안에서 의의 열매를 맺게 해주시겠다고 말씀하십니다. 그러므로 하나님이 이 글을 읽는 나에게 기대하시는 것이 있습니다. 예수를 통하여 내가 회복되고 변화되어서, 나를 통해 좋은 열매들이 많이 맺히는 것입니다.

### 예수를 경험하라

하나님은 예수가 이 땅에 오셔서 궁극적으로 하실 사역을 이사야 선지자를 통해서 말씀해주셨습니다. 우리의 직분이나 신앙연륜에 상관없이 예수를 깊이 있게 만나지 못하면, 내 삶 속에서 진정으로 예수가 경험되어지지 않으면, 우리는 세상 속에서 세상 사람들과 별 차이 없이 살아갈 수 있습니다. 제가 목사이고 아무리 예수를 증거하고 다닌다고 할지라도, 예수가 저의 삶에 경험되지 않으면 저도 세상 사람들과 똑같이 살아갈 수 있습니다. 그렇기 때문에 성경에서 약속한 놀라운 은혜와 회복이 예수 안에서 경험되어질 수 있기를 원합니다.

하나님이 예수를 왜 보내주셨습니까? 죄로 인해서 타락한 우리를 회복시키기 위해서 보내주셨습니다. 이 땅에 있는 모든 문제가 왜 왔습니까? 죄 때문에 왔습니다. 그런데 그 죄의 문제를 해결해주실 수 있는 분이 바로 예수님이십니다. 그러므로 예수 안에서 여러분의 인생의 문제가 해결되어질 수 있습니다. 예수 안에서 여러분의 신앙의 문제가 해결되어질 수 있습니다. 예수 안에서 여러분의 가정의 문제가 해결되어질 수 있습니다. 예수 안에서 하나님이 여러분을 창조한 목적대로 회복되어질 수 있습니다.

나는 가난하고 빚진 자였는데 예수가 오셔서 내 빚을 청산해 주심으로 내 인생을 되찾아주셨습니다. '이것이 내 인생이야. 내 인생이 보람이 있어. 나는 하루하루 사는 게 의미가 있어.' 라고 생각하며 살아가십니까? 만약 그렇지 않다면, 여러분은 예수님이 필요한 자입니다. 나의 마음속에 있는 상처와 수치심, 열등감은 예수님만이 회복하실 수 있습니다. 예수님이 이것을 위해서 이 땅에 오셨습니다. 예수님을 초청하십시오. 예수님을 받아들이십시오. 그리고 예수님이 내 마음의 중심에 오셔서 나의 삶을 돌이켜 달라고 요청하십시오. 그 예수가 여러분의 잃어버린 인생을 되찾아 주십니다. 왜냐하면 예수님은 나를 구원하고 회복하기 위해 오신 구원자이시기 때문입니다.

그리고 그 예수가 오셔서 포로 된 자와 갇힌 자에게 자유함과 놓임을 주셨다고 말씀드렸습니다. 많은 사람들이 내 힘으로 벗어날 수 없는 갇혀 있는 영역이 있습니다. 청년들 중에 인터넷만 들어가면 음란 사이트에 들어가는 사람들이 많습니다. 크리스천 가운데에서도 많이 있습니다. 그러면서 절망합니다. '나는 왜 그럴까' 생각하면서도 또 들어가고 또 들어갑니다. 왜냐하면 음란에 대한 문제에 내가 포로되고 갇혀졌기 때문입니다. 그러므로 예수가 오셔서 우리 안에 모든 포로된 것과 갇힌 것들을 풀어놓고 자유케 하시는 역사가 매순간 일어나야 합니다.

내가 짓는 고질적인 죄가 있을 것입니다. 그 고질적으로 짓는 죄에 나 자신이 포로 되고 갇힌 것입니다. 뭔가 묶여 있고 원치 않는데 자꾸 하는 일이 있고 죄라는 걸 아는데도 끊어낼 수 없는 것이 있다면, 창피하게 생각하지 말고 예수님께 도와달라고 요청하십시오. 내 힘으로 할 수 없습니다. 예수님이 오셔서 해결해 주셔야 합니다. '예수의 이름으로 명하노니 나로 하여금 고질적으로 짓게 하는 모든 죄의 고리는 끊어질 지어다. 포로 된 곳에서 자유를 얻을지어다. 갇힌 곳에서 놓임을 받을지어다. 주님 나를 회복시켜주옵소서.' 라고 간절하게 부르짖는 여러분들이 되시기를 원합니다.

하나님께서 이미 우리에게 최고의 선물을 주셨습니다. 예수보다 더 중요한 선물이 있었다면, 그것을 우리에게 주셨을 것입니다. 예수 안에 모든 보화가 있고, 모든 능력이 있습니다. 그런데 우리는 지금까지 그 분을 믿으면서도 그 놀라운 은혜와 역사를 경험하지 못하였습니다. 이제 예수를 온전히 신뢰함으로 그 분 앞에 나아갑시다. 그래서 예수가 이 땅 가운데 이뤄놓으신 놀라운 구원과 회복의 역사를 우리의 삶 속에서 날마다 경험하길 원합니다.

## Chapter 5.
### 예수를 예배하라!

**마태복음 16:13**

13. 예수께서 빌립보 가이사랴 지방에 이르러 제자들에게 물어 이르시되 사람들이 인자를 누구라 하느냐
14. 이르되 더러는 세례 요한, 더러는 엘리야, 어떤 이는 예레미야나 선지자 중의 하나라 하나이다
15. 이르시되 너희는 나를 누구라 하느냐
16. 시몬 베드로가 대답하여 이르되 주는 그리스도시요 살아 계신 하나님의 아들이시니이다 예수께서 대답하여 이르시되 바요나 시몬아 네가 복이 있도다 이를 네게 알게 한 이는 혈육이 아니요 하늘에 계신 내 아버지시니라
17. 또 내가 네게 이르노니 너는 베드로라 내가 이 반석 위에 내 교회를 세우리니 음부의 권세가 이기지 못하리라
18. 내가 천국 열쇠를 네게 주리니 네가 땅에서 무엇이든지 매면 하늘에서도 매일 것이요
19. 네가 땅에서 무엇이든지 풀면 하늘에서도 풀리리라 하시고
20. 이에 제자들에게 경고하사 자기가 그리스도인 것을 아무에게도 이르지 말라 하시니라

제가 「제2의 엑소더스」라고 하는 소설책을 읽어본 적이 있습니다. 제 2의 출애굽이라고 하는 것입니다. 배경은 신약시대에 예수님이 활동하던 때였습니다. 책을 쭉 읽다보니 한 가정의 이야기가 나왔습니다. 그 가정의 아이가 굉장히 많이 아픕니다. 그런데 여러 의사를 찾아다녀도 이 아이의 병이 낫지 않았습니다. 부모는 아이의 병을 고치기 위해 이곳저곳을 찾아다니지만 아이의 병은 고치지 못하고 가진 모든 재산만 사용하게 됩니다. 그리고 집안의 가세가 기울어지게 됩니다. 이 가정에는 더 이상 소망이 남아 있지 않았습니다. 아이의 병을 고칠 수 있다는 작은 기대감도 사라졌습니다. 그러한 배경으로 이 가정이 소설의 중심이 되어서 글이 전개되기 시작하였습니다.

그런데 그 아이가 그 아픈 몸을 이끌고 엄마에게 이야기를 합니다. "엄마, 나에게 한 가지 소원이 있다면, 우리가 소문으로 들었던 예수님을 만나는 일이에요. 엄마, 정말 예수님이 죽은 자도 살리시고 병든 자도 고치시고 나처럼 힘없고 돈 없고 약한 자들을 직접 찾아오실까요? 엄마, 나 그 예수님을 빨리 만나고 싶어요. 그 예수님을 만나면 내 병도 고침 받고 우리 가정도 다시 살아날 것 같아요."

엄마도 아직 그 예수님을 만나본 적이 없습니다. 그러나 가세도 기울고 돈이 없어 아무것도 하지 못하는 상황 속에서 엄마에게도 마지막 소원이라고 한다면 예수 밖에 없었습니다. 그 예수에 대한 소문이 자꾸 들려왔습니다. 정말 그 예수는 창녀를 찾아가며 소외된 자를 찾아가고, 병든 자를 찾아가며 귀신들린 자를 찾아가서 아무도 고치지 못한 모든 것을 고치신다는 소문이 자꾸 들려왔습니다.

엄마가 토닥거리며 아이에게 말합니다. "애야, 분명히 그 예수님이 이 마을을 지날 가실거야. 그리고 그 예수가 정말 하나님의 아들이라고 한다면 네가 얼마나 예수님을 기다리고 있는지 아실 거야. 예수님이 너를 꼭 만나주실 거야. 그 소문이 정말로 맞으면 그 예수님이 네 병도 고쳐주실 수 있어."

### 삶의 밑바닥에서 예수를 바라보라

여러분 저는 그 소설의 한 구절을 읽으면서 마음이 뭉클해지기 시작했습니다. 작가가 성경적인 지식을 가지고 그 시대적인 배경을 가지고 쓴 소설인데, 그 당시 사람들이 예수에 대한 소망이 어떠했는지 알게 되었고 책을 계속 읽어 가면서 가슴이 뭉클해졌습니다.

오늘날에도 모든 자에게 예수님만이 소망이 되십니다. 그 예수님만이 우리의 모든 문제를 해결하실 수 있습니다. 이 예수에 관한 이야기를 가지고 찬양을 만들어 놓은 곡이 있습니다.

"수많은 무리들이 줄지어 예수를 보기 위해 따르네. 평범한 목수이신 그 분 앞에 모든 무릎이 꿇어 경배하네. 모든 문제들 하나하나 죽음까지도 힘을 잃고 생명의 근원되신 예수 이름 앞에 모든 권세들 굴복하네. 나의 계획이 실패하고 나의 소망이 끊어질 때 삶의 주관자 되신 그 분 앞에 나의 무릎을 꿇어 경배하네. 나의 삶을 그 분께 맡길 때 비로소 나의 마음 평안해 구원의 반석 되신 예수의 이름을 소리 높여 찬송하네.
예수 이름 높이세 능력의 그 이름. 예수 이름 높이세 구원의 그 이름.
예수 이름을 부르는 자 예수 이름을 믿는 자, 예수 이름 앞에 나오는
자 복이 있도다."

한 번씩은 여러분들의 삶에서 실패를 경험해 본 적이 있을 것입니다. 그래서 마음이 아파서 울어본 적도 있을 것입니다. 인생이 어떻게 될지 알지 못해서 답답해 해 본 적도 있을 것입니다. 사람들이 내 마음을 알아주지 않아서, 내가 도대체 어떻게 살아가야 하는지 알지 못해서, 앞이 캄캄하고 사망의 음침한 골짜기를 지나는 것 같아서, 아파해 본 적이 있을 것입니다. 이제 그 모든 아픔을 예수 앞에 다 내려 놓으십시오. 죽음의 문제까지도 이기시는 예수님, 그 예수 앞에 여러분의 모든 문제들을 내려놓기를 원합니다. 그 예수는 이 천년 전에 오셔서 위대한 일들을 행하셨지만 지금 이 순간에도 성령을 통하여 믿는 자들에게 더 큰 일들을 행하시는 분입니다. 그 예수 앞에 우리의 실패된 계획들 그리고 상하고 좌절된 마음들을 내려 놓고 온전히 나갈 수 있기를 원합니다.

주님이 우리의 아픔과 어려움을 아십니다. 그러나 내가 의지를 드려 내 마음을 주님께로 열지 않으면 아무런 소용이 없습니다. 내가 그 분을 소망하며 입을 열어 예수의 이름을 불러야 합니다. 지금 우리가 예수 이름을 부른다면 성령께서 우리 가운데 역사하십니다. 죽음의 힘까지도 무력화시키시는 예수님께서 우리를 구원하실 것입니다.

### 예배에 대한 진정한 의미

예배라고 하는 말은 여러 가지 어원을 가지고 있습니다. 우리가 주님께 예배드린다고 할 때 어떤 형식을 가지고 어떠한 장소에 모여서 진행하는 것만이 예배는 아닙니다. 물론 형식을 갖춘 것은 예수를 온전히 예배하기 위함입니다. 그러나 예배한다는 근본적인 의미는 예배의 대상인 예수 그리스도를 높이는 행위입니다. 즉, 예수를 예배한다고 했을 때 나는 낮아지고 주님을 높이는 것을 의미하는 것입니다.

성경에 보면 "프로스큐네오"라는 단어가 있습니다. 이 단어의 뜻은 '나와서 절하는 것'을 의미합니다. 신약성경에 보면 '예수께 나와서 절하다'라는 말이 여러 번 나옵니다. '나와서 절하다'는 말을 다른 말로 표현하면 '경배하다'라고 하는 것입니다. 절하다는 것은 어떠한 것을 의미합니까? 상대방은 높이고 나는 낮아지는 것을 의미합니다. 이것이 바로 예배라는 것입니다. 우리가 예수를 예배한다고 하는 것은 예수는 높이고 나는 낮아지는 것을 의미합니다. 그 예수를 높이는 것이 예수를 예배하는 일입니다.

묵도, 찬송, 설교, 기도, 축도와 같은 형식을 무시하는 것이 아닙니다. 중요한 것은 어떤 형식이든지 그 형식을 통해서 내가 예배하고자 하는 대상이 높여져야 한다는 것입니다. 그 분을 세워드려야 합니다. 그러기 위해서 내가 철저하게 낮아져야 합니다. 아무리 주일날 예배를 화려하게 드려도 하나님이 높임을 받으시고 예수님이 높임을 받지 못한다면 그 예배는 잘못된 예배입니다.

그런데 놀라운 일이 있습니다. 그 분이 높임을 받으시고 내가 낮아지면 그 분이 찾아오십니다. 왜 그런지 아십니까? 이것이 창조의 목적이기 때문입니다. 하나님이 인간을 창조하시면서 인간과 깊이 교제하기 원하셨습니다. 하나님께서 인간을 창조하실 때 하나님의 영을 우리 안에 불어넣어주셨기 때문에 인간 안에 있는 영이 하나님의 영과 반응하면서 하나님을 높이게끔 되어있습니다.

## 주님의 임재 안에서 드리는 예배

이사야서에 보면 스랍들이 24시간 동안 날개를 퍼덕이며 "거룩하다, 거룩하다." 라고 경배합니다. 이 구절을 보면서 저는 어떻게 24시간 동안 날개를 퍼덕이며 찬송할 수 있는 것인지 이해가 가지 않았습니다. 한 시간만 그렇게 해도 날개가 아프고 힘들 텐데 24시간 동안 그렇게 해야 된다니 스랍들이 안타까웠습니다. 그런데 저의 그 판단이 잘못된 생각임을 저의 작은 경험을 통해 깨닫게 하셨습니다.

어느 날 기도를 하는데 주님이 강하게 임재 하셨습니다. 그 주님의 임재 안에서 기도를 하니까 간단히 기도한 것 같은데도 세 시간이 훌쩍 흘러가 버린 것입니다. 주님이 임재하시면 그 임재 안에서 기도할 때 밤을 새울 수 있다는 말입니다. 그런데 그것이 힘든 것이 아니라 너무나 좋습니다. 그리고 주님이 임재하시니까 제 입에서 나오는 말들이 있었습니다. "주님 좋아요. 주님 기뻐요. 주님 최고예요. 주님은 정말 아름다우세요." 그 주님에 대해 높이는 말들이 계속 나오는 것입니다. 시간이 어떻게 흘러가는지도 모르고 지속적으로 고백하게 되었습니다.

여러분 이것이 예배입니다. 제가 그 경험을 하고 나니까 스랍들이 24시간 찬양하는 것이 이해가 되었습니다. 누가 시켜서 찬양하는 것이 아니라 하나님 옆에서 그 임재가 실로 강하기에 피조물들이 자동적으로 하나님을 높이는 것이고 그 자체가 기쁨이었던 것입니다. 기도를 힘들게 하는 사람, 어렵게 하는 사람은 기도를 잘못하는 것입니다. 하나님의 임재 가운데 기도를 하면 술술 풀립니다. 하나님의 임재가 경험되어져서 그 분을 높여야 합니다.

앞 장에서 지속적으로 강조했던 것이 왜 예수가 우리의 궁극적인 소망인지, 예수 외에 다른 대안이 없다는 것입니다. 죄 지은 인간을 회복할 수 있는 방법으로 하나님께서 예수를 약속해놓으셨고 그 약속하신 예수를 이 땅에 보내주셨습니다. 그리고 그 분이 이 땅에 오셔서 우리 죄를 위해 죽으시고 부활하시고 승천하심으로 말미암아 우리가 기쁨과 자유와 소망을 얻게 되었습니다. 마음이 가난해서 빚진 상태, 마음에 상처 입은 상태, 포로 되고 갇혀 있는 상태에 있는 자들을 해방시켜주고 자유를 얻게 해주셨습니다. 그래서 우리 인생의 가장 중요한 소망이 예수 그리스도라는 것입니다. 이것을 내가 경험해야 합니다. 예수 때문에 문제가 해결되어지고, 예수 때문에 병이 나아보고, 예수 때문에 내 마음이 치유가 되고 평강을 얻고, 그 예수 때문에 뭔가 내가 변화되는 역사가 우리의 삶 가운데 경험되어야 합니다.

이제까지 예수를 믿으면서 한 번도 그런 일들을 경험해본 적이 없는 사람이 있을 것입니다. 또한 그 예수 이름의 능력을 경험하고 변화되었지만, 삶 속에서 지속적으로 예수 이름의 능력을 경험하지 못하고 신앙적으로도 정체되어 있는 사람도 있을 것입니다. 그러나 이 경험은 한번으로 끝나는 경험이 아니라 우리의 삶 속에서 지속적으로 누려져야 될 경험입니다. 왜 예수에 대한 경험이 있는데 지속적으로 그 이름을 외치지 못하는지 아십니까? 그것은 예수 이름을 한 번 경험하고 기뻐하다 끝내버렸기 때문입니다.

어르신들 가운데 연륜이 있는 신앙인들이라고 한다면 예수 이름의 능력을 나름대로 다 경험해 보셨을 것입니다. 그런데도 불구하고 예수 이름을 지속적으로 선포하지 못하고 말하지 않는 가장 중요한 이유는 그냥 한번 경험하고 끝내버렸기 때문입니다. 그 예수 이름이 지속적으로 내 입에서 나오기 위해서 해야 할 것이 있습니다. 그것은 예수를 예배하는 것입니다. 그 예수에 대한 진정한 예배가 우리의 삶 속에 생겨날 때, 예수의 이름을 말하기를 시작하는 것입니다.

성경을 보면 예수를 높이며 예배한 자들에게 예수님의 시선이 주목되었음을 알 수 있습니다. 그리고 그 주목이 예수로 하여금 또 다른 기적을 일으키게 하였습니다. 그렇다면 예수를 예배하는 것은 구체적으로 무엇을 의미하는 것입니까? 내가 직접 무릎을 꿇고 그 분 앞에 고개를 숙이는 것도 그 분을 높이는 것입니다. 그리고 예수님 앞에 내 모든 문제를 다 아뢰는 것도 그 분을 인정하는 일입니다. 기도하지 않는 사람만큼 교만한 사람은 없습니다. 기도하지 않아도 살아갈 수 있으니까 안하는 것이 아니겠습니까?

'힘들어요, 힘들어요.' 말하면서 기도하지 않는 것은 아직 덜 힘든 것입니다. '어려워요, 어려워요.' 말하면서 기도하지 않는 것은 아직 덜 어려워서입니다. 죽을 만큼 어려우면 입에서 '아버지' 소리가 저절로 나옵니다.

우리 입이 열려져서 무릎을 꿇을 때 마다 "주님, 나 좀 도와주세요." 라고 기도하는 것이 낮아지는 행위입니다. 기도한다는 것만큼 예수를 예배하는 것은 없습니다. 막혀있는 우리의 입술이 열려질 수 있기를 원합니다. 기도가 지속적으로 나올 수 있기를 원합니다. 기도 가운데 주님의 임재를 경험하면 얼마나 기쁜지 모릅니다. 예수를 예배하는 것은 바로 이런 것입니다.

### 예수님이 기뻐하시는 고백

예수를 예배하는 행위 중 또 하나 중요한 것이 있습니다. 바로 고백입니다. 우리가 서로 사랑할 때 '사랑해' 라고 고백합니다. 그런데 사랑한다는 말을 다른 말로도 표현할 수 있습니다. '하늘의 별을 따다 줄까?' 라고도 말입니다. 성경을 보면 예수를 예배한 행위가 참 많이 나와 있습니다. 그런데 복음서에 보면 예수를 높이는 중요한 행위가 나옵니다. 바로 예수에 대한 신앙고백입니다.

"주는 그리스도시요. 살아계신 하나님의 아들이십니다." 이것은 가이사랴 빌립보에서 베드로가 한 고백입니다. 그런데 놀라운 것은 베드로가 이 고백을 하자 예수님이 "바요나 시몬아 네가 복이 있도다." 라고 말씀하십니다. 그리고 "이 고백 위에 내가 교회를 세우겠다. 네가 이 땅에서 매면 하늘에서도 매일 것이고 네가 이 땅에서 풀면 하늘에서도 풀릴 것이다." 라고 말씀하십니다. 놀라운 복을 주신 것입니다.

예수를 예배하면 그 예배 속에서 예수님이 가만히 계시지 않습니다. 우리의 삶 속에도 예수님을 높이는 모습이 있었으면 좋겠습니다. 그렇게 예수를 높이는 예배가 우리 가운데 지속될 때, 예수의 능력과 권세가 우리 안에 더욱 풍성하게 경험될 것입니다.

사실 성경에 보면 예수님을 높인 여러 고백들이 있습니다. 소경 바디매오 이야기를 아실 것입니다. 예수님 당시에 소경이었던 사람은 바디매오 외에도 많이 있었습니다. 그런데 성경에는 왜 소경 바디매오의 이야기를 리얼하게 서술해 놓은 것입니까? 그것은 바디매오가 예수님을 어떻게 만났는지가 중요하기 때문에 그렇습니다.

바디매오가 길거리를 지나가는 예수님의 발걸음을 멈추게 했습니다. 그리고 예수님으로 하여금 주목하게 만들었습니다. 그것은 단지 그가 예수를 큰소리로 불렀기 때문이 아닙니다. 그가 예수님을 부를 때 그 부르짖음 안에 예수를 높이는 행위가 있었습니다. 예수에 대한 고백이 있었다는 이야기입니다. 그 고백이 무엇입니까? "다윗의 자손 예수여." 라고 했습니다. "다윗의 자손 예수여, 나를 불쌍히 여기소서." 여기에 모든 고백이 다 들어가 있습니다. 바디매오는 예수에 관한 소문을 듣고 예수에 관한 모든 이야기를 들었을 것입니다. 그리고 그의 마음속에 예수가 바로 성경에 예언되어 있는 다윗의 후손으로 오신 메시아라는 확신이 있었습니다.

예수가 가는 곳곳마다 얼마나 많은 무리들이 그 분을 쫓아다녔는지 모릅니다. 하지만 그들은 말 그대로 무리였습니다. 무리와 신앙을 고백하는 자는 차이가 있습니다. 무리들은 그냥 자신들의 필요를 채우기 위해서 쫓아다녔습니다. 그들은 기회가 있으면 따르다가 어려움이 있으면 따르지 않았습니다. 그러다 결국 예수를 못 박으라고도 합니다. 이것이 바로 무리입니다.

그런데 놀라운 것은 바디매오가 무리들 가운데서 크게 소리를 지릅니다. "다윗의 자손 예수여" 라고 고백을 합니다. 이 고백은 무슨 고백입니까? "당신은 하나님이 약속하시고 이 땅에 보내시기로 작정하신 메시아 이십니다. 그런데 나는 그 메시아를 감당할 수 없는 연약하고 불쌍한 자입니다." 라는 고백인 것입니다.

그러자 놀라운 일이 일어납니다. 예수님 주변에 많은 병든 자들도 있었을 것이고 바디매오 보다 더 심각한 상황에 있는 사람도 있었을 것입니다. 그런데 예수님께서 가던 길을 멈추십니다. 그리고 그를 주목하셨습니다. 예수님의 발걸음을 멈추게 한, 그리고 예수님으로 하여금 자신을 주목하게 한 그 한마디가 바로 예수를 향한 고백인 것입니다. 예수에 대한 진정한 고백이 예수의 발걸음을 멈추게 하였습니다. 그 예수에 대한 진정한 고백이 바디매오를 주목하게 만들었습니다. 그리고 그 예수에 대한 진정한 고백이 바디매오의 눈을 뜨게 만들었습니다.

### 주님의 역사를 경험하는 예배

또 다른 예를 들겠습니다. 요한복음 4장에 사마리아 여인이 나옵니다. 이 사마리아 여인이 예수를 만났습니다. 그런데 그 여인은 예수를 만나고 나서 처음에는 시큰둥하다가 그 예수가 하나님이 보내신 선지자라고 생각하고 그 여인이 예배하기를 원했습니다. "우리 조상들은 이 산에서 예배했는데 도대체 어디 가서 예배해야 합니까?" 라고 묻습니다. 예수를 만나고 나서 이 여인의 마음속에는 하나님을 예배하고 싶은 마음이 생겼습니다. 사마리아 여인의 질문에 예수님이 답하십니다. "이 산에서도 말고 예루살렘에서도 말고 너희가 아버지께 예배할 때가 이르리라… 하나님은 영이시니 예배하는 자가 영과 진리로 예배해야 된다." 예수를 만난 자들은 항상 그 예수를 만난 경험 안에서 예배의 자리로 나아가게 됩니다.

여러분, 한 평생 사는 동안에 예수의 이름이 내 입에서 지속적으로 선포되어질 수 있다면 그것만큼 큰 축복이 없습니다. 왜냐하면 그 예수의 이름이 선포되는 만큼 내 삶이 회복되고 변화되기 때문입니다.

오늘날은 초대교회처럼 왜 기적이 일어나지 않습니까? 많은 이유가 있지만 가장 중요한 이유 중에 하나는 예수님에 대한 믿음을 갖고 예수 이름을 선포하는 사람이 적기 때문입니다. 문제가 생길 때 두려움부터 생기며, 실패하고 좌절했을 때 눈물부터 나오지 않습니까? 이 모든 문제를 뚫을 수 있는 분이 예수라는 것에 대한 확신이 있어야 합니다. 예수님은 믿는 자에게 역사하시는 분이십니다. 그 예수의 이름을 부르는 자에게 역사하시는 분이십니다.

예수님을 예배하면 예수님의 발걸음을 멈추게 하고 예수님의 주목을 끌게 하며 또 다른 기적을 낳게 합니다. 우리의 삶이 예수에 대한 경험으로 채워질 때 내 능력이 아니라 예수의 능력으로 이 세상을 넉넉히 이기며 살 수 있는 것입니다.

특별히 사역자분들께 부탁드리고 싶은 것이 있습니다. 다른 어떤 능력으로 사역하시지 마십시오. 예수 한 분이면 충분합니다. 내가 먼저 그 예수를 만나고 내가 만난 그 예수를 전해 주면 영혼들에게 변화가 일어납니다. 많은 스킬과 많은 지식이 있으며, 많은 프로그램을 안다고 할지라도 그 프로그램과 설교와 기도로 사람을 변화시키지 못한다면 우리의 사역은 아무 소용이 없습니다. 기독교 교육의 최종적인 목적은 변화입니다. 변화를 시키지 못하는 설교는 재고해 보아야 합니다.

저에게도 이 말이 올무가 될 수도 있지만 원칙이 있기 때문에 저는 이것을 믿습니다. 영혼을 변화시키지 못하는 설교는 재고해 보아야 합니다. 영혼을 변화시키지 못하는 프로그램도 재고해 보아야 합니다. 영혼을 변화시키지 못하는 모든 기독교의 교육도 재고해 보아야 합니다. 사역을 아무리 해도 사람들이 변화되지 않습니까? 사람들이 예수를 부르지 않으며 무릎 꿇지 않습니까? 그렇다면 목회자가 먼저 무릎을 꿇어야 됩니다. "하나님, 무엇이 문제입니까? 제 안에 무엇이 부족한 것입니까?"라고 목숨 걸고 물을 만한 지도자가 이 땅에 있어야 합니다. 그래야 하나님이 쓰십니다.

하나님은 지금 그런 사람을 찾고 계십니다. 평신도라고 할지라도 내가 하는 사역 속에서 하나님의 역사하심으로 영혼들이 변화되지 못한다면, 무릎을 꿇어야 합니다. 그래야 역사가 일어납니다. 예수 이름으로 모인 곳에서 기적이 일어납니다. 그 기적은 내 힘으로 일어나는 것이 아닙니다. 예수 이름 안에 능력이 있기 때문에 일어나는 것입니다.

여러분, 예수를 믿는 것은 신바람 나는 일입니다. 내 힘으로, 내 능력으로 믿으려고 하니까 힘이 드는 것입니다. 그런데 그 예수 한분 붙잡고 전적으로 의지하고 나아가면, 예수님이 내 삶의 인도자가 됩니다. 예수님이 내 삶의 지도자가 되어 나를 이끌어 가십니다.

## 세상의 중심에서 묻는 예수님의 질문

성경에서 수많은 사람들이 예수에 대해 많은 고백을 남겼습니다. 그러나 그 중에서 가장 귀한 고백이 가이사랴 빌립보에서 베드로가 고백한 것이라고 서두에서 말씀드렸습니다. 베드로의 고백이 과연 어떠한 고백이었기에 예수님께서 그렇게 기뻐하셨습니까?

예수님이 열두 명의 제자를 데리고 전도여행을 떠나셨습니다. 지금 우리가 보기에는 예수님이 특별한 능력이 있고, 예수님의 제자들도 무언가 있어 보일 수 있겠지만 그 당시의 세상의 눈으로 보면 그들은 초라하기 그지없었습니다. 역사가 요세푸스에 의하면 이스라엘 사람들의 85%가 거지였다고 합니다. 한 끼를 먹으면 그 다음 끼니를 걱정할 만큼 힘들고 어렵게 살았다고 합니다. 그리고 이스라엘은 날씨가 일교차가 심했기 때문에 한 벌뿐인 겉옷이 밤에는 이불이 되었습니다. 그런데 예수의 제자들은 더 가난했던 것 같습니다. 그들은 갈릴리 출신으로 업신여김을 받고 천대받았던 사람들이었습니다. 그러한 자들을 예수님이 모으셨습니다. 그리고 삼 년 동안 이리저리 끌고 다니셨습니다.

제자들은 집도 버려두고 그물도 버려두고 가족도 버려두고 예수를 쫓아다녔습니다. 그런데 놀라운 것은 예수님을 따라 가는 곳곳마다 기적을 경험합니다. 오병이어의 기적이 일어납니다. 죽은 자가 살아납니다. 병자가 고쳐집니다. 외적인 모습은 초라하더라도 이 제자들은 그 모습을 보면서 마음속에 기쁨이 있었을 것입니다. 그리고 예수님과 함께 한다는 우쭐한 마음도 있었을 것입니다. 그러다가 제자들이 싸우기 시작합니다. "예수님이 분명히 이 나라의 왕이 되실 텐데 이 나라의 왕이 되면 나는 오른편에 있을 거야." "아니야, 내가 오른편에 있을 거야." 라고 말입니다. 게다가 제자들의 부모들이 와서 자신의 아들을 오른편에 세워달라고 합니다. 이 때 예수님의 마음이 뒤집어 지셨을 것입니다.

이렇게 예수님과 열두 명의 제자들이 돌아다니던 어느 날, 빌립보 가이사랴 지방에 도착하게 되었습니다. 그리고 그곳에서 예수님이 물으십니다. "사람들이 나를 누구라 하느냐?" 갑자기 물어보니 당황스러웠지만 제자들은 대답하였습니다. "사람들이 하는 이야기가 저 분이 혹시 엘리야가 아니야? 저 분이 혹시 세례요한이 아니야? 라고 말합니다." 그때 예수님이 다시 묻습니다. "그러면 너희들은 나를 누구라 하느냐?"

가이사랴 빌립보라는 곳은 황제의 도시입니다. '가이사랴' 라는 이름은 황제의 이름입니다. 그 당시 황제의 이름은 아무데나 붙일 수 없었습니다. 그런데 그 이름이 한 도시에 붙여졌습니다. 황제의 도시라고 이름이 붙여진 가이사랴 빌립보는 어마어마한 도시였습니다. 높은 건축물이 있고 세련된 환경이 조성되어 있고 최신식의 건물들이 있는 곳이었습니다. 아무리 도시가 세련되어도 규모가 크지 않으면 황제의 이름을 갖다 붙일 수 없었습니다. 그런데 예수님과 제자들이 돌아다니다가 이 어마어마한 황제의 도시에 도착한 것입니다.

예수님과 제자들은 갈릴리 시골출신이었습니다. 촌으로 다닐 때는 너도 나도 초라하기에 문제가 없었으나 황제의 도시에 들어갔더니 달라졌습니다. 그동안 보지 못했던 번쩍거리는 건물들이 세워져 있고 도시가 잘 정비가 되어져 있고 사람들의 옷이 화려하였습니다. 황제의 도시에 사는 이들은 돈도 있으며 능력도 있고 권력도 있는 사람들이었습니다. 그들에 비해 예수님과 제자들은 너무 초라한 겉모습이었습니다. 위대한 도시에서 열 세 명의 거지들이 다니는 모습을 상상해보십시오. 얼마나 자신들이 초라하게 느껴졌겠습니까? 이들이 간 곳은 황제의 도시였습니다. 그냥 지방을 돌아다녀도 초라한 게 티가 나는데 번쩍이고 잘 정비된 황제의 도시에서 상대적으로 제자들이 무척이나 위축되었을 것입니다.

로마가 그 당시 황제의 도시를 다른 나라들에게 보이면서 '너희들이 돈만 있으면 능력과 권세만 있으면 이렇게 화려하게 살 수 있다.' 라는 것을 자랑하고 있었습니다. 이것이 바로 로마가 내세웠던 세상을 살아가는 원칙입니다. 많은 사람들은 그 황제의 도시에서 위축당했고, 또

포부를 느꼈습니다. '나도 돈을 많이 벌 거야. 나도 권세를 얻을 거야. 그래서 저 멋진 도시에 가서 떵떵 거리며 살 거야. 한 번 사는 인생인데 내가 이렇게 살다가 끝내면 되겠어?' 이것이 바로 황제도시를 보고 그 세상의 논리에 지배된 사람들이 가지고 있었던 마음의 포부였습니다.

그런데 그 세상의 논리가 판치고 있는 황제의 도시 한 중간에서 예수께서 제자들에게 물어보시는 것입니다. "너희들은 나를 누구라 하느냐?" 만약에 오병이어의 기적과 죽은 자를 일으킨 바로 직후라고 한다면 제자들은 예수님에 대한 자부심이 있어서 떳떳하게 "예수님, 예수님은 죽은 자도 살리신 자에요. 예수님은 하나님의 아들입니다." 라고 고백할 수 있었을 것입니다. 그런데 지금은 황제의 도시 앞에 주춤거리며 위축되어 있는 상황이었습니다. 가이사랴 빌립보가 그런 도시였습니다.

### 주는 그리스도 이십니다!

그때 베드로가 고백합니다. "주는 그리스도시요, 살아계신 하나님의 아들이십니다."이 말이 얼마나 멋진 말인지 모릅니다. 주는 그리스도라고 하는 말은 기름부음을 받은 자라는 말입니다. '당신은 하나님으로부터 기름부음을 받은 자입니다.' 이 말이 황제의 도시의 중심에서 나온 고백입니다.

제자들도 사람이기 때문에 예수가 위대하고 능력 있는 분인 줄은 알지만 일 년을 쫓아다녔는데도 세상을 편하게 살 수 있는 어떠한 세상적인 가치도 얻을 수 없었기 때문에 여러 가지 마음속에 갈등이 있었을 것입니다. 그런데 그 중간에서 베드로가 고백합니다. "예수님, 이 세상적인 논리가 판치는 이곳에서 당신과 우리들이 너무나 초라하게 보인다 할지라도, 당신은 하나님께로부터 기름부음을 받은 그리스도이십니다." 이 말은 '그럼에도 불구하고 당신은 우리를 구원하실 메시아이십니다.' 라는 고백입니다.

베드로는 세상의 논리와 기준이 판치는 그 곳에서도 영적인 논리를 선포하였습니다. 오늘날 하나님이 찾으시는 사람은 바로 이런 사람입니다. 많은 사람들이 돈 있는 사람에게 위축되고 권세 있는 사람에게 위축됩니다. 세상적인 능력이 있는 사람 앞에서 위축됩니다.

하지만 베드로는 세상의 논리가 판치는 중앙에서 입을 열어 고백하였습니다. "예수님, 당신도 초라하고 우리도 초라합니다. 당신을 쫓아다녔지만 돈 한 푼 생기지 않았습니다. 세상 적으로 편안해 진 것은 하나도 없습니다. 그러나 세상의 논리가 판치고 있는 이 중앙에서 내가 당신에게 고백할 수 있는 것은 그럼에도 불구하고 당신은 우리의 메시아이십니다."

많은 사람들이 이렇게 이야기합니다. '예수 믿는데 왜 돈 때문에 내가 힘들죠? 예수 믿는데 왜 승진이 안 돼요? 예수 믿는데 왜 날마다 더 어려워져요?' 저도 모릅니다. 그런데 베드로의 고백이 이런 것입니다. "당신을 쫓아다니면서 돈 한 푼 얻지 못했고 세상적으로 나아진 것도 아무것도 없고 가족에게 더 잘한 것도 없습니다. 세상의 논리가 판치는 상황에서 우리가 충분히 주눅들 수 있지만, 이러한 상황 속에서도 내가 입을 열어 고백하기는 그럼에도 불구하고 당신은 우리의 메시아이십니다." 라는 의미입니다. 이 고백이 현대 사회를 살아가는 우리 가운데도 있기를 원합니다.

돈에 무너지지 맙시다. 권세에 무너지지 맙시다. 명예에 무너지지 맙시다. 이 세상은 어차피 나그네처럼 한번 왔다가 가는 세상이 아닙니까? 그래서 이 땅에서 행복하게 살 수도 있고, 힘들게 살 수도 있습니다. 그러나 이 땅을 살아가면서 분명히 기억해야 하는 것은 하나님이 창조하신 대로 내 인생이 회복될 수 있는 방법은 오직 예수 그리스도 밖에 없다는 것입니다. 때가 되면 하나님이 지위도 주시고 돈도 주십니다. 하나님의 뜻대로 지위와 돈을 사용할 날이 옵니다. 그런데 그것이 삶의 목적이 아니지 않습니까? 설령 죽을 때까지 하나님이 돈을 주시지 않는다고 할지라도 '주는 그리스도십니다.' 라는 고백이 우리 안에 있기를 원합니다.

제가 신학대학원을 다닐 때 소원이 하나 있었습니다. 온전한 하나님의 사람이 되겠다는 것이었습니다. 그런데 제가 한 스승을 만나서 수업을 듣다가 예수님의 제자가 된다는 것이 어떤 것인지 깨달아지기 시작했습니다. 그리고 유학도 포기하고 그분 밑에서 공부를 하며 훈련을 받았습니다. 여러 가지로 많은 어려움들이 있었지만 그 가운데에서도 제가 흔들리지 않을 수 있었던 이유는 '예수님의 온전한 제자가 될 수만 있다면 내 모든 것을 포기하겠습니다. 내 모든 것을 내려놓겠습니다.' 라는 고백이 제 안에 있었기 때문입니다.

그러나 힘들었습니다. 십 년을 쫓아다니면서 돈 한 푼 생기지 않았습니다. 얼마나 많이 울었는지 모릅니다. 스승에게 얼마나 많이 혼났는지도 모릅니다. 그러면서 뒤를 돌아보니 제가 예전보다 훨씬 더 예수를 닮아가고 있음을 깨닫게 되었습니다. 돈을 바라보고 능력을 바라보고 권세를 바라보며 예수를 믿으면 실망하기 딱 좋고, 무너지기 딱 좋습니다. 돈은 하나님이 필요하시면 주십니다. 능력도 하나님이 필요하시면 주십니다. 권세도 하나님이 필요하시면 주십니다. 그러나 그것이 우리의 목적이 될 수는 없습니다.

마태복음 16장의 고백은 "그럼에도 불구하고, 예수는 그리스도 이십니다" 라는 고백입니다. 이것은 베드로가 성령에 감동되어서 한 고백입니다. '그럼에도 불구하고'의 신앙이 우리에게 동일하게 적용되어야 합니다. 나의 병이 나아지지 않아도, 내가 가진 모든 것을 잃어버렸어도, 내가 원하는 지위에 오르지 못해도, 내가 사랑하는 사람을 잃어버렸어도, 그럼에도 불구하고 예수님은 우리를 구원하실 그리스도이심을 믿고 선포해야 합니다. 이것이 예수에 대한 진정한 예배입니다. 하나님이 기뻐 받으시는 예배입니다. 이러한 예배가 우리 가운데 있기를 소망합니다.

### 당신은 하나님의 아들이십니다!

베드로의 두 번째 고백은 "예수님은 하나님의 아들이십니다" 라는 고백입니다. 이 말은 "당신이 사람들이 보기에는 초라해 보일 수 있어도, 당신이 내가 원하는 것을 주지 못한다고 하더라도 예수님만이 나의 하나님이십니다." 라는 고백입니다. 첫 번째 고백은 예수님의 인성을 강조한 것이고, 두 번째 고백은 예수님의 신성을 강조한 것입니다. 내가 원하는 것이 이루어지지 않아도 예수님은 나의 하나님이십니다. 내가 계획한 것이 실패되어져도 예수님은 나의 하나님이십니다. 내가 좌절을 경험해도 예수님은 나의 하나님이십니다. 이것은 눈물 나는 고백입니다. 이것은 아멘으로만 되는 고백이 아니라 눈물이 있는 고백이라는 것입니다.

사망의 음침한 골짜기를 다녀보셨습니까? 돈이 없어서 울어봤나요? 내 경험이 좌절되고 실패되어 그 안에서 통곡해 보셨습니까? 그 통곡 안에서, 그 좌절 안에서 나온 고백이 "하나님, 그래도 당신은 나의 주님 이십니다. 예수님, 그래도 당신 밖에 다른 신은 없습니다."입니다. 눈물 가운데 이 고백이 여러분 안에 있어질 수 있기를 원합니다. 이 고백이 있어야 합니다. 이것이 예수를 예배하는 최고의 행위입니다. 내가 예수를 예배할 수 없는 상황에서 예배할 때 그때가 최고의 예배가 됩니다. 물론 예수를 예배할 수 있을 때 예배하는 것도 좋은 것입니다. 그런데 내가 예수를 예배할 수 없는 상황에서 예배할 때, 그 예배가 최고의 예배가 됩니다. 하나님 앞에, 예수 앞에 최고의 예배를 드릴 수 있는 우리가 되기를 바랍니다.

최근에 무엇 때문에 우셨습니까? 최근에 무엇 때문에 힘들어 하셨습니까? 그 힘들고 어려운 상황 속에서, 내가 원하는 것이 이루어지지 않았던 그 순간에도, 예수님은 나의 주인이시며 나의 하나님이라고 고백하셨습니까?

마태복음 16장 17절-19절 말씀을 보도록 하겠습니다.

17. 또 내가 네게 이르노니 너는 베드로라 내가 이 반석 위에 내 교회를 세우리니 음부의 권세가 이기지 못하리라
18. 내가 천국 열쇠를 네게 주리니 네가 땅에서 무엇이든지 매면 하늘에서도 매일 것이요
19. 네가 땅에서 무엇이든지 풀면 하늘에서도 풀리리라 하시고

여기에서 예수님이 놀라운 축복을 허락하십니다. 베드로의 신앙의 고백이 있는 곳에 하나님의 교회가 세워진다는 것입니다. 교회는 건물이 아니라 예수가 누구인지 고백한 사람들의 모임입니다. 사람만 모여서 진정한 교회가 되지 않습니다. 한국 땅에 모든 교회가 해야 할 일은 예수에 대한 진정한 신앙의 고백입니다. 그래야 교회가 건강해집니다. 이 고백 위에 교회를 세우겠다고 분명히 말씀하십니다. 그리고 진정으로 건강한 교회가 세워지면 그 교회에서 매는 것이 하늘에서도 매여지고 그 교회에서 푸는 것이 하늘에서도 풀린다고 말씀하고 계십니다. 천국의 열쇠를 너희에게 주겠다고 말씀하셨습니다. 이 말씀은 우리에게도 유효한 말씀입니다.

### 예수님이 주목하는 예배를 드리라!

예수를 경험했으면 예수를 예배해야 그 예수에 대한 기적과 능력이 지속적으로 내 삶에 경험될 수 있습니다. 한 번 예수를 경험하고 끝난 사람이 많습니다. 간헐적으로 경험한 사람도 많습니다. 그런데 예수를 경험하지 못한 그 순간은 지옥과도 같이 어렵고 힘든 시간들입니다. 우리가 예수를 믿는다는 것은 한 순간도 예수를 놓지 않는 것을 의미입니다. 예수를 지속적으로 붙잡고 가는 것을 의미합니다.

그 예수를 지속적으로 붙잡고 그 예수가 일으키시는 놀라운 기적을 내 삶에 지속적으로 경험하기 위해 필요한 것이 예수에 대한 예배입니다. 그 예수를 진정으로 높일 수 있기를 바랍니다. 높일 수 없는 위치에서도 높일 수 있기를 바랍니다. 할 수 없는 자리에서도 예수가 그리스도라고 고백할 수 있기를 바랍니다. 도저히 입에서 나올 수 없는 그 상황에서 예수가 하나님의 아들이라고 하는 고백이 입에서 선포되어질 수 있기를 바랍니다. 이 놀라운 고백 속에서 주님이 여러분들을 집중하십니다. 여러분, 예수께 주목받는 자들이 되십시오. 예수님의 눈길을 끄는 자가 되십시오. 예수의 입에서 축복의 선언이 나오게 하는 자들이 되십시오. 어떤 자에게 축복을 선언 하셨습니까? 예수를 예배하는 자들에게 입니다.

'예수님, 내가 무엇을 잘못했습니까? 왜 나에게 이러한 시련을 주십니까? 나는 나름대로 기도도 했고 나는 나름대로 성경도 읽고 나는 나름대로 하나님의 뜻대로 살려고 노력도 해왔는데 왜 내게 응답주시지 않습니까?' 그런데 그 순간에도 "주는 그리스도시요 살아계신 하나님의 아들이십니다." 라는 고백이 나올 수 있기를 원합니다.

이 땅의 것은 한 번 있다가도 없어지는 것입니다. 우리에게는 영원한 것이 인생의 기준이 되어야 합니다. 세상적인 돈이, 세상적인 권세가 우리의 잣대가 되지 않기를 바랍니다. 내가 실패했어도 실패의 장소에서 예수를 예배하는 자가 되십시오. 그렇다면 예수님이 여러분을 주목하십니다. 이 놀라운 신앙고백이 우리 안에 회복되기를 간절히 소망합니다.

## Chapter 6.
## 예수의 증인이 되라

**사도행전 10장 1-48절**

1 가이사랴에 고넬료라 하는 사람이 있으니 이달리야 부대라 하는 군대의 백부장이라

2 그가 경건하여 온 집안과 더불어 하나님을 경외하며 백성을 많이 구제하고 하나님께 항상 기도하더니

3 하루는 제 구 시쯤 되어 환상 중에 밝히 보매 하나님의 사자가 들어와 이르되 고넬료야 하니

4 고넬료가 주목하여 보고 두려워 이르되 주여 무슨 일이니이까 천사가 이르되 네 기도와 구제가 하나님 앞에 상달되어 기억하신 바가 되었으니

5 네가 지금 사람들을 욥바에 보내어 베드로라 하는 시몬을 청하라

6 그는 무두장이 시몬의 집에 유숙하니 그 집은 해변에 있다 하더라.

7 마침 말하던 천사가 떠나매 고넬료가 집안 하인 둘과 부하 가운데 경건한 사람 하나를 불러

8 이 일을 다 이르고 욥바로 보내니라

9 이튿날 그들이 길을 가다가 그 성에 가까이 갔을 때에 베드로가 기도하려고 지붕에 올라가니 그 시각은 제 육 시더라

10 그가 시장하여 먹고자 하매 사람들이 준비할 때에 황홀한 중에

11 하늘이 열리며 한 그릇이 내려오는 것을 보니 큰 보자기 같고 네 귀를 매어 땅에

드리웠더라

12 그 안에는 땅에 있는 각종 네 발 가진 짐승과 기는 것과 공중에 나는 것들도 있더라

13 또 소리가 있으되 베드로야 일어나 잡아 먹어라 하거늘

14 베드로가 이르되 주여 그럴 수 없나이다 속되고 깨끗하지 아니한 것을 내가 결코 먹지 아니하였나이다 한 대

15 또 두 번째 소리가 있으되 하나님께서 깨끗하게 하신 것을 네가 속되다 하지 말라 하더라

16 이런 일이 세 번 있은 후 그 그릇이 곧 하늘로 올려져 가니라

17 베드로가 본 바 환상이 무슨 뜻인지 속으로 의아해 하더니 마침 고넬료가 보낸 사람들이 시몬의 집을 찾아 문 밖에 서서

18 불러 묻되 베드로라 하는 시몬이 여기 유숙하느냐 하거늘

19 베드로가 그 환상에 대하여 생각할 때에 성령께서 그에게 말씀하시되 두 사람이 너를 찾으니

20 일어나 내려가 의심하지 말고 함께 가라 내가 그들을 보내었느니라 하시니

21 베드로가 내려가 그 사람들을 보고 이르되 내가 곧 너희가 찾는 사람인데 너희가 무슨 일로 왔느냐

22 그들이 대답하되 백부장 고넬료는 의인이요 하나님을 경외하는 사람이라 유대 온 족속이 칭찬하더니 그가 거룩한 천사의 지지를 받아 당신을 그 집으로 청하여 말을 들으려 하느니라 한대

23 베드로가 불러 들여 유숙하게 하니라 이튿날 일어나 그들과 함께 갈새 욥바에서 온 어떤 형제들도 함께 가니라

24 이튿날 가이사랴에 들어가니 고넬료가 그의 친척과 가까운 친구들을 모아 기다리더니

25 마침 베드로가 들어올 때에 고넬료가 맞아 발 앞에 엎드리어 절하니

26 베드로가 일으켜 이르되 일어서라 나도 사람이라 하고

27 더불어 말하며 들어가 여러 사람이 모인 것을 보고

28 이르되 유대인으로서 이방인과 교제하며 가까이 하는 것이 위법인 줄은 너희도 알거니와 하나님께서 내게 지시하사 아무도 속되다 하거나 깨끗하지않다 하지 말라 하시리고
29 부름을 사양하지 아니하고 왔노라 묻노니 무슨 일로 나를 불렀느냐
30 고넬료가 이르되 내가 나흘 전 이맘때까지 내 집에서 제 구 시 기도를 하는 데 갑자기 한 사람이 빛난 옷을 입고 내 앞에 서서
31 말하되 고넬료야 하나님이 네 기도를 들으시고 네 구제를 기억하셨으니
32 사람을 욥바에 보내어 베드로라 하는 시몬을 청하라 그가 바닷가 무두장이 시몬의 집에 유숙하느니라 하시기로
33 내가 곧 당신에게 사람을 보내었는데 오셨으니 잘하였나이다 이제 우리는 주께서 당신에게 명하신 모든 것을 듣고자 하여 다 하나님 앞에 있나이다
34 베드로가 입을 열어 말하되 내가 참으로 하나님은 사람의 외모를 보지 아니하시고
35 각 나라 중 하나님을 경외하며 의를 행하는 사람은 다 받으시는 줄 깨달았도다
36 만유의 주 되신 예수 그리스도로 말미암아 화평의 복음을 전하사 이스라엘 자손들에게 보내신 말씀
37 곧 요한이 그 세례를 반포한 후에 갈릴리에서 시작하여 온 유대에 두루 전파된 그것을 너희도 알거니와
38 하나님이 나사렛 예수에게 성령과 능력을 기름 붓듯 하셨으매 그가 두루 다니시며 선한 일을 행하시고 마귀에게 눌린 모든 사람을 고치셨으니 이는 하나님이 함께 하셨음이라
39 우리는 유대인의 땅과 예루살렘에서 그가 행하신 모든 일에 증인이라 그를 그들이 나무에 달아 죽였으나
40 하나님이 사흘 만에 다시 살리사 나타내시되
41 모든 백성에게 하신 것이 아니요 오직 미리 택하신 증인 곧 죽은 자 가운데서 부활하신 후 그를 모시고 음식을 먹은 우리에게 하신 것이라
42 우리에게 명하사 백성에게 전도하되 하나님이 살아 있는 자와 죽은 자의 재판장

으로 정하신 자가 곧 이 사람인 것을 증언하게 하셨고
43 그에 대하여 모든 선지자도 증언하되 그를 믿는 사람들이 다 그의 이름을 힘입어 죄 사함을 받는다 하였느니라
44 베드로가 이 말을 할 때에 성령이 말씀 듣는 모든 사람에게 내려오시니
45 베드로와 함께 온 할례 받은 신자들이 이방인들에게도 성령 부어 주심으로 말미암아 놀라니
46 이는 방언을 말하며 하나님 높임을 들음이러라
47 이에 베드로가 이르되 이 사람들이 우리와 같이 성령을 받았으니 누가 능히 물로 세례 베풂을 금하리요 하고
48 명하여 예수 그리스도의 이름으로 세례를 베풀라 하니라 그들이 베드로에게 며칠 더 머물기를 청하니라

예수를 경험한 자들에게는 감사의 고백이 있습니다. 죽을 수밖에 없는 나를 살리시고, 이대로 무너질 수밖에 없는 한계를 가지고 있는 나를 세워주시고, 끌어가시니 얼마나 감사한 일입니까? 이러한 예수를 경험하고 나니까 예수님께 정말 감사한 것입니다. 그래서 예수를 높이는 예배를 드립니다. 그런데 그 예배를 드리면서 그들의 입에서 지속적으로 나오는 말이 바로 예수에 관한 것입니다.

### 예수를 경험한 자들의 고백

내가 정말 예수를 경험한 자인지, 내 삶에서 정말 예수를 예배하고 있는 자인지 명확하게 알 수 있는 방법이 있습니다. 바로 내 입에서 얼마나 예수가 말해지고 있냐는 것입니다. 내 입에서 얼마나 예수가 선포되어지고 있냐는 것입니다. 내 입에서 예수가 말해지지 않고 선포되어지지 않고 있다면, 나 자신이 예수를 경험한 자이고 예수를 예배하는 자라고 할지라도 뭔가 부족함이 있다는 것입니다. 음악이 좋아서 찬양하는 것이 아니지 않습니까? 봉사할 데가 없어서 교회 와서 봉사하는 것이 아니지 않습니까? 교회의 핵심과 중심은 다른 부수적인 것들이 아니라 바로 예수 그리스도라는 것을 명심하시기 바랍니다.

예수를 경험하고 예수를 높여드리는 사람은 작은 어려움과 힘듦이 있을 때 기도합니다. 그리고 또 다른 힘들어 하는 사람에게 이야기합니다. "나도 예전에 그렇게 힘들었는데, 나도 예전에 그렇게 눈물 흘렸었는데, 예수님을 만나니까 평안해지더라! 예수님께 기도하니까 해결되더라!"

저는 지금 여러분들에게 전도훈련을 시키기 위해 말하는 것이 아닙니다. 신앙이 건강하게 서 있으면 자연스럽게 전도하게 됩니다. 한국교회의 가장 큰 문제점은 전도를 위해서 전도를 한다는 것입니다. 이것이 문제입니다. 교회성장을 위해서 전도를 하고, 교회건물의 빈자리를 채우기 위해서 전도를 합니다. 그러니까 전도가 안 되는 것입니다. 그리고 전도에 대한 동기부여를 해 주기 위해 전도 집회를 열면 사람들이 안 모입니다. 왜일까요? 전도에 대한 부담감이 있기 때문입니다.

예수님이 이 땅에 오셔서 30년 동안 평범하게 사셨습니다. 그리고 30세 때부터 3년 반 동안 공생애 사역을 하신 뒤, 십자가에서 죽으시고 부활하셨습니다. 그런 뒤 곧바로 하늘나라에 올라가신 것이 아니라 이 땅에 40일 동안 계셨습니다. 그 40일을 계실 동안 예수님께서는 제자들을 10번 이상 만나주셨습니다.

예수님께서 부활하시고 곧바로 승천하신 것이 아니라 왜 제자들을 10번 이상 만나주셨습니까? 예수님께서 십자가에서 죽으시는 모습을 보고 제자들이 모두 제각기 흩어졌습니다. 예수님의 3년 동안 공생애 사역의 핵심은 바로 제자를 세우는 것이었습니다. 제자란 스승을 꼭 닮은 자를 말합니다. 예수님의 제자는 작은 예수가 되는 것입니다. 그런데 이 제자들이 3년 동안 함께 먹고 생활하며 훈련시켰는데 예수님의 죽음 앞에서 제각기 흩어졌습니다. 그들을 똑바로 세우지 않으면 예수님의 공생애 사역이 의미가 있겠습니까? 그래서 이 흩어진 제자들을 다시 세우시기 위해서 예수님께서는 제자들을 10번 이상 만나주신 것입니다. 그리고 예수님은 제자들을 만나주시면서 그들을 용서하시고 회복시키셨습니다. 이것이 예수님께서 부활 후에 40일 동안 이 땅에 머무르신 가장 중요한 이유 중에 하나입니다.

그런데 예수님께서는 제자들을 10번 이상 만나주시면서 지상명령에 대해 5번 말씀 하셨습니다. 실은 예수님께서 3년 동안 제자들에게 가르쳐주신 것의 핵심이 바로 지상명령이었습니다. 이 지상명령의 핵심은 전도입니다. 너희들이 보고 듣고 느낀 것의 증인이 되라고 하는 것입니다. 사도행전 1장 8절에 보면 "오직 성령이 너희에게 임하시면 너희가 권능을 받고 예루살렘과 온 유다와 사마리아와 땅 끝까지 이르러 내 증인이 되리라" 라고 말씀 하신 것처럼 말입니다.

제가 이 장에서 말씀드리고 싶은 것이 바로 이것입니다. 그리스도인은 예수를 경험하고, 예수를 예배합니다. 날 살리시고 회복시키고 내 인생을 되찾게 해주시고 바뀌게 해주신 그 예수를 경험하고 예배하는 것입니다. 그런데 우리가 예수를 경험하고 예수를 예배하는 것에서 끝내면 안 됩니다. 예수를 경험하고 예수를 예배한 자들은 항상 내가 경험하고 높인 그 예수를 다른 이들에게 전해야 한다는 것입니다. 예수에 대해서 말하지 않으면 나는 예수를 덜 경험한 것입니다.

예를 들어 연인도 마찬가지입니다. 사랑한다고 말은 하지만, 내 입에서 그 연인에 대한 말이 나오지 않고 그 연인에 대한 생각이 사라진다고 한다면 사랑이 아닐 것입니다. 즉, 사랑하면 계속 말하게 되고, 사랑하면 계속 생각하게 됩니다. 예수가 여러분들의 삶 안에서 여러분들을 변화시키고, 여러분의 삶 속에서 예수를 높이는 예배가 있다고 한다면 최종적으로 여러분의 입이 열려져 그 분을 증거 해야 합니다.

## 예수를 말하지 못하게 하는 사단의 방해

나는 분명히 예수를 경험했고, 내 삶 속에서 예수를 예배하고 있는데, 입이 열려지지 않는 경우가 있습니다. 이것은 나의 입이 열려지는 것을 가장 무서워하는 존재가 있기 때문입니다. 바로 사단입니다. 왜냐하면 예수는 능력이기 때문입니다. 어둠의 권세를 끊어내는 힘입니다. 그 예수가 권세입니다. 내 입이 열려져서 예수가 말해지기만 하면 그 모든 사단의 결박이 끊어지고, 파헤쳐지는 것입니다. 그래서 사단은 지속적으로 우리의 입에서 예수가 말해지지 못하도록 방해합니다.

사단이라고 하는 존재가 세상의 권력과 예수 믿지 않는 자들과 결탁하여 나의 약점을 파고들어서 나를 힘들고 어렵게 할 수 있기 때문에, 예수의 증인된 삶을 살아간다고 하는 것은 고난의 길일 수 있습니다. 그래서 예수님께서 세상이 너희를 핍박하고 너희를 미워하면 먼저 나를 미워한 줄 알라고 하셨습니다. 이 말이 무슨 말입니까? 예수가 원하는 대로 살아가다보면 반드시 세상이 나를 미워하게 되고, 하나님을 알지 못하고 예수님을 알지 못하는 사람들이 나를 핍박하고 나를 힘들게 할 수 있다는 것입니다.

그런데 그것이 오히려 나에게는 명확한 증거입니다. 바로 세상이 감당할 수 없는 보물이, 세상이 감당할 수 없는 놀라운 비밀이 내 안에 있다는 것입니다. 예수를 믿는데도 세상의 핍박을 받아보지 못한 사람은 예수가 자신의 마음에 있는지 다시 한 번 생각해 봐야 합니다. 왜냐하면 내 안에 예수가 있으면 자연스레 세상이 날 미워하기 때문입니다.

그렇다면 왜 이처럼 힘들고 어려운 예수의 증인된 삶을 살아야 합니까? 사실 논리적으로 봐도 내가 예수를 경험했고 그 분을 예배하기 때문에, 내가 만난 예수를 전하는 것은 당연한 이야기입니다. 그런데 이 논리적인 것 이면에 영적인 것이 존재합니다. 바로 이 영적인 세력이 내가 예수를 전하는 것을 막고 있는 것입니다.

### 예수를 경험하면 전하게 된다

여러분, 저는 이 장을 읽으시며 막혀져 있는 여러분들의 입이 열려질 수 있기를 간절히 소망합니다. 이것이 중요하지 않으면 예수님께서 승천하시기 전에 제자들에게 나타나셔서 다섯 번이나 지상명령을 주셨겠습니까? 예수님께서 제자들을 열 번 만나는 가운데 하고 싶은 말들이 얼마나 많으셨겠습니까? 그런데 예수님께서는 하고 싶은 말들을 제쳐두고 가장 중요한 일 순위로 선택하신 것은 지상명령이었습니다. 마가복음 16장 15절에 보면 "너희는 온 천하 만민에게 복음을 전파하라"고 명확하게 나와 있는 것처럼 말입니다.

많은 사람들이 전도에 대해 많은 편견을 가지고 있습니다. 전도에 대한 오해가 있습니다. 전도는 어려운 사람을 만나고 그 사람을 끌고 교회로 와서 빈자리를 채우는 것이 아닙니다. 예수님께서 제자들에게 "자, 이제 교회가 시작될 것인데 그 교회의 자리를 채워야하지 않겠니? 그러니 너희들이 나가서 전도해라!" 라고 말씀하시지 않았습니다. 오히려 너희들이 보고 듣고 경험한 그 일에 증인이 되라고 하셨습니다.

우리가 예수를 담대하게 선포하기 위해서는 반드시 성령의 경험과 도우심이 있어야 합니다. 사도행전 2장에서 제자들이 성령을 경험하고 나서 변화된 것이 있습니다. 그들이 나가서 담대하게 복음을 전하기 시작한 것입니다. 사도행전 2장 이후부터 자세히 보시기 바랍니다. 사도들에게 담대함이 생겨지고 그들의 입이 열려지기 시작합니다.

더욱 놀라운 것은 2장에 나오는 베드로의 설교에서 드러납니다. 아마 그 당시에 대부분의 유대인들은 베드로를 무지한 갈릴리의 어부로만 알았을 것입니다. 그런데 그 입이 한 번 열어지니까 성경의 구절구절들이 하나로 엮어지면서, "너희들이 죽인 그 예수가 바로 하나님이 보내신 주와 그리스도다" 라는 것을 담대하게 선포하게 되었습니다. 그러자 듣는 이들의 마음이 찔려서 3,000명이나 주께로 돌아오는 놀라운 역사가 일어났습니다.

입을 열어 예수가 메시아 되심을 담대히 선포하자, 놀라운 일들이 벌어지기 시작했습니다. 예수가 하신 일들을 회중들이 깨닫게 되면서 회개하고 돌아오는 역사가 일어난 것입니다. 그러나 그때 동시에 오는 것이 있었는데 바로 예수의 증인들을 향한 핍박입니다.

사두개인들, 바리새인들, 장로들이 제자들을 잡아다가 다른 것은 다 말해도 좋지만, 절대로 예수의 이름으로는 말하지 말라고 이야기합니다. 그때 사도들이 이야기한 것이 있습니다. "우리는 보고 들은 것을 말하지 않을 수 없다" 는 것입니다. 그들의 담대함이 어디에서 나온 것입니까? 바로 성령의 도우심입니다.

사실 제자들은 예수를 만나서 그 분으로부터 많은 것들을 듣고 배웠습니다. 그리고 그들은 예수의 죽음과 부활까지도 목격했습니다. 또한 그 예수를 예배하며 높이기도 하였습니다. 그런데 이 제자들이 보고 들은 바를 본격적으로 말하기 시작한 것은 바로 사도행전 2장에서의 성령을 경험하고 나서부터입니다.

여러분, 예수에 대한 경험이 있는데, 그 예수에 대한 예배도 있는데 입을 여는 것이 두려우십니까? 내 입이 열려져 있지 않다고 한다면, 성령의 도우심을 간구하십시오. 지금 전도를 그만두고 있지는 않으십니까? 예전에는 영혼들만 보면 눈물을 흘리며 어떻게든 가서 복음을 전하였는데, 지금은 그 과정이 힘들다보니 조금씩 멈추게 되면서 결국은 중단하게 되지 않았습니까? 이 모든 것들이 성령의 도우심으로 회복하기를 바랍니다.

## 예수의 증인된 삶 속에서 누리는 은혜

우리가 예수의 증인된 삶을 살아야 하는 이유는 무엇입니까? 바로 예수의 증인된 삶을 살 때에 예수의 능력을 더 깊이 경험할 수 있기 때문입니다. 한 예로 제가 좋은 차를 샀다고 가정하겠습니다. 가격도 비싸고 디자인도 멋지며 성능도 매우 좋습니다. 또한 다양한 옵션과 기능이 탑재된 매우 좋은 차입니다. 그런데 이렇게 좋은 차를 사놓고 차고에 두기만 한다면 무슨 소용이 있겠습니까? 그 차를 타봐야 차가 좋은 것을 제대로 알지 않겠습니까?

이것과 마찬가지입니다. 예수의 증인된 삶을 산다고 하는 것은 예수 안에 있는 비밀, 예수 안에 있는 능력, 예수 안에 있는 권세들을 경험할 수 있는 기회를 가졌다는 것입니다. 예수를 선포하기 시작할 때 예수 안에 있는 능력이 나타납니다. 예수를 말하고 증거 하기 시작할 때, 성령의 놀라운 역사 가운데 그 이름의 비밀이 나에게도 경험된다는 것입니다. 이때 말하는 자도 놀라게 됩니다. 이것이 바로 예수의 증인된 삶을 살아가는 자들의 특권입니다. 예수를 말하면 바로 나 자신부터 예수를 더 깊게 경험하게 되는 것입니다.

　제가 전도를 가르치면서 늘 하는 이야기가 있습니다. 전도의 현장은 하나님께서 어떻게 일하시는지 두 눈으로 똑바로 목도할 수 있는 장이라는 것입니다. 왜 그렇습니까? 전도는 단순히 사람을 만나 교회로 데려오는 것이 아닙니다. 내가 경험하고 예배하는 예수에게 능력이 있다는 사실을 믿고, 확신을 가지고 그 이름을 선포하는 것이 전도이기 때문입니다. 그래서 사람들에게 예수를 말하기 시작할 때부터 역사가 나타나는 것입니다. 그렇게 믿음으로 예수의 이름을 전하고 선포할 때, 그 상황에서 일하시고 역사하시는 예수를 전하는 자도 놀랍게 경험해 가는 것입니다.

　제가 처음부터 전도자가 되려고 했던 것은 아닙니다. 사실 저는 신약을 전공하였습니다. 제가 학부시절에, 유명한 신약 학자를 쫓아다니며 신약을 전공하고자 마음을 먹었었습니다. 그런데 서울신학대학교 대학원을 와서 저의 스승을 만나면서 예수와 복음이라는 기독교의 중요한 핵심을 깊이 깨닫게 되었습니다. 그러면서 제가 경험한 예수를 말하지 않고는 견딜 수가 없었습니다. 그래서 저는 그 예수를 말하기 시작했습니다. 그때 놀라운 것은 예수를 말할 때마다 하나님께서 역사하시기 시작하셨습니다. 그 현장에서 하나님께서 역사하시는 것들을 한 번, 두 번 경험하게 되면서 나도 모르는 사이에 예수를 닮아가는 것을 깨닫게 되었습니다.

　사실 저는 굉장히 내성적인 성격에 말도 잘 못했고, 밤이 되면 밖에 나가는 것조차 무서워했던 사람이었습니다. 그런데 제가 전도하기 시작하면서부터 사람들이 저에게 전도대상자들이 있다고 이야기하기 시작했습니다. 그 전도대상자 가운데에는 우울증 환자나 심지어는 귀신 들린 사람도 있었습니다. 그럴 때 마다 제 마음에는 예수 이름에는 능력이 있다는 확신이 있었기에, 담대히 복음을 전하러 갈 수 있었습니다. 제가 그 놀라운 비밀을 다 알지는 못해도 제가 경험한 예수에 대한 확신이 있었기에, 그리고 그동안 제가 예수를 전하면서 경험한 그 분에 대한 확신이 있었기에 복음을 담대하게 전하러 갈 수 있었습니다.

전도를 하면서 예수에 대한 작은 지식들조차도 저에게 확신이 되어가는 것을 느꼈습니다. 이제 제 머릿속에 있는 지식이 지식으로만 남아 있는 것이 아니라, 확신으로 제 마음에 자리 잡은 것입니다. 그리고 주께서 더 큰 역사를 이루실 수 있다는 믿음을 가지고 선포하기 시작했습니다. 그때 저 자신도 깜짝 놀랄 만한 역사가 일어났습니다. 귀신이 떠나가고, 우울증 환자가 고쳐지고 하나님께서 놀라운 기적을 일으키셨습니다. 성경에 나와 있는 그 역사와 기적이 예수를 말하는 것 안에서 그대로 재현되었던 것입니다.

이제 우리는 능력 있게 살아야 합니다. 어떻게 능력이 없는데 세상을 이기며 살 수 있겠습니까? 세상을 이기지 못하니까 매번 끌려 다니면서 사는 것이 아닙니까? 그러다보니 하루, 하루의 삶의 의미가 없어지는 것이 아니겠습니까? 세상을 이기며 살아야 합니다. 그래서 예수를 말하자는 것입니다.

### 예수를 말할 때, 신앙은 성장한다

예수님께서 제자들에게 승천하시기 전에 지상명령을 주신 이유가 여기에 있습니다. 예수님께서 이 땅에서 하실 수 있는 것은 거기까지였습니다. 이제 이 제자들이 이 땅에서 영적으로 성장해야 하는데, 어떻게 그것이 가능합니까? 또 다시 예수를 경험하는 것입니다. 그것은 예수를 말하고, 그 이름의 능력을 경험하는 것입니다. 제가 여러분들에게 분명히 말씀드릴 수 있는 것은 예수를 말하지 않고는 신앙의 성장은 없습니다. 자신의 신앙이 멈춰있는지 성장하고 있는 지 아는 방법은 자신의 입에서 예수가 선포되고 있느냐는 것입니다. 자신의 입에서 예수가 말해지냐는 것입니다. 이것은 광신자가 되자는 것이 아닙니다. 전도자에게만 이야기하는 것이 아닙니다. 예수를 경험하고 예배하는 모든 사람의 입에서 예수를 말할 수 있어야 합니다.

저는 제가 협력하는 교회 성도들에게도 이렇게 말합니다. 제발 아이들이 아프고 열이 나면, 먼저 어느 의사가 좋은지 어느 병원이 좋은지 묻지 말라는 것입니다. 오히려 그때 그 자리에 무릎을 꿇고 아이 머리에 손을 얹고 예수 이름으로 기도부터 하라는 것입니다. 그래야 하나님께서 역사하지 않겠습니까? 그런데 대부분의 사람들이 무엇부터 합니까? 병원부터 갑니다. 참 안타까운 일입니다. 여러분, 나 자신에게 갑자기 어떠한 일이 생겨서 그 일 때문에 힘든 가운데 있는데 그 순간에 바로 무릎을 꿇고 예수를 찾습니까? 예수를 말합니까? "예수님 도와주세요! 예수의 능력 안에서 해결하게 해 주세요!" 라고 말씀하십니까? 예수를 말해야 예수의 능력이 나타납니다. 예수의 능력을 경험해야 우리의 신앙이 성장합니다.

제가 마가복음을 가지고 제자훈련을 여러 번 하였습니다. 특별히 마가복음에 나타난 예수님의 제자훈련 방법은 예수님에 대한 믿음을 제자들에게 심어주는 것이었습니다. 믿음이라는 것은 한 번, 두 번, 그리고 여러 가지의 경험들을 통해 쌓이고 또 쌓여 가게 됩니다. 차곡차곡 그 분에 대한 경험이 쌓이면서 그 분을 믿는 믿음이 성장해가는 것입니다.

이와 마찬가지입니다. 예수를 경험하고 예수를 통한 능력이 나타나고 예수를 붙잡고 승리할 때, 예수에 대한 믿음이 더 자라나고 깊어질 수 있습니다. 그래서 복음의 금강석이라고 하는 로마서 1장 17절에서 바울사도는 "복음에는 하나님의 의가 나타나서 우리를 믿음에서 믿음으로 이르게 한다." 라고 이야기하고 있습니다. 내가 작은 믿음을 가지고 예수 이름을 선포했을 때 역사가 나타나고, 그 역사를 경험하면서 예수에 대한 나의 믿음도 커지게 되는 것입니다. 이처럼 예수를 말해가면서 우리의 믿음이 '믿음에서 믿음으로 성장'해 가는 것입니다.

제가 한번은 전도폭발 훈련팀과 함께 어느 교회에 전도임상훈련을 4박 5일간 가게 되었습니다. 이 4박 5일 기간 동안 열심히 예수를 말하며 전도를 하였습니다. 그렇게 시간이 흘러 마지막 날 어떤 젊은 부부가 나와서 간증을 하게 되었습니다. 이 젊은 부부는 결혼하기 전 예수님을 깊게 경험하고 예수님이 우리 인생의 모든 것이라고 고백하였다고 합니다.

하지만 결혼 후, 시간이 흐르면서 어느덧 신앙도 쇠퇴해지며, 열정이 식어지게 되었습니다. 그런데 이번 전도임상훈련에 대한 이야기를 듣고 휴가를 내서 참여하게 되었고, 전도팀을 쫓아다니며 예수가 말해지고 그 가운데 어떤 역사가 일어나고 있는지, 어떤 능력이 나타나는지 자신들의 두 눈으로 똑똑히 보았다고 하였습니다. 그리고 자신들이 결혼 전에 그 예수를 얼마나 뜨겁게 사랑했었는지 다시 깨닫고 그 사랑이 회복되어졌다고 고백하였습니다. 그래서 자신들이 회복되어진 것을 '주 예수보다 더 귀한 것은 없네' 라는 찬송으로 눈물을 흘리며 고백하였습니다. '이제 다시 예수를 찾았습니다! 우리 인생에 예수보다 귀중한 것은 없습니다! 우리 인생에 예수보다 더 존귀한 분은 없습니다!' 라는 고백이 찬송을 듣는 우리 모두의 마음을 뜨겁게 하였습니다.

### 예수가 선포되는 곳에 임하는 하나님의 나라

제가 여러분에게 또 한 가지 차원에서 말씀드릴 것이 있습니다. 바로 예수가 선포되어져야 이 땅에 하나님 나라가 더 확장된다는 것입니다. 예수를 말하지 않으면 이 땅에 소망이 없습니다. 예수가 말해지지 않고서는 회복이 일어날 수 없습니다. 예수가 말해지지 않고서는 하나님이 원하시는 일들이 이 땅에서 일어날 수 없습니다. 하나님은 선포되는 예수를 통해 드러나는 역사와 경험들로 우리의 믿음이 성장해 가기를 원하시지만, 또 한편으로는 예수 이름의 선포를 통해 이 땅에 궁극적인 하나님의 나라가 도래하기를 원하십니다.

그래서 예수를 경험하고 예수를 예배한 자에게는 책임이 있습니다. 바로 나를 위해서 그리고 열방을 위해서 예수를 말해야 하는 것입니다. 그리스도인들이 입을 닫고 있는 그 순간, 이 세상은 암흑에 갇힐 수밖에 없습니다. 왜 그렇습니까? 예수 외에는 빛도 소망도 없고 죽어 있는 것을 다시 살릴 수 있는 다른 방법이 없기 때문입니다. 예수 외에는 어떤 문제에 대한 해결책도 없습니다. 오직 예수밖에 없습니다. 그런데 이 놀라운 소식을 알고 있는 내가 입을 닫고 있어야 되겠습니까? 그렇다면 어떻게 이 땅에 소망이 있겠습니까?

그러므로 예수를 경험하고 예수를 예배하는 자들은 이제 부지런히 예수를 말하기 위해서 열방을 바라보고 나가야 합니다. 열방을 향해 선교하러 나가는 것이 그 땅에 예수를 전하러 가는 것입니다. 그 땅에 예수를 선포하러 가는 것입니다. 그때 하나님이 임재하시고 그 땅 가운데 하나님 나라가 나타나는 것입니다.

### 인도에서 경험한 예수 이름의 능력

제가 1년 동안 인도에 있었던 적이 있습니다. 그런데 그곳에 계신 선교사님들 대부분이 하시는 말씀이 인도에서 전도를 열심히 하는데 전도가 잘 안 된다고 하는 것입니다.

인도에는 3억 3천개가 넘는 많은 신들이 존재하고 있습니다. 인도인들은 그 많은 신들 중에 자기가 좋아하는 신을 하나 정해놓고 그 신을 섬깁니다. 그러다가 그 신이 자신의 기도의 응답을 해 주지 않으면 언제든지 신을 바꾸어 버립니다. 그렇기에 혹여나 선교사님들이 아침에 열심히 전도해서 교회에 데려와 함께 예배를 드렸다가도 오후가 되면 그 사람들이 또 다른 신전에 가서 예배를 드립니다. 그런 모습을 보면서 선교사님들의 마음이 말도 못할 만큼 아프다는 것입니다.

실은 인도는 우리나라보다도 복음이 먼저 들어온 나라입니다. 우리나라에 1907년에 부흥 운동이 있었다면, 인도에는 1903년에 먼저 부흥운동이 일어났습니다. 그리고 그 부흥의 불길이 한국으로 건너 온 것입니다. 그런 인도 땅이 전도가 굉장히 어려운 나라가 되어버렸습니다. 저는 인도 땅을 위해 기도하기 시작했습니다. 예수의 이름이 말해지고 선포되어질 때, 인도 땅 가운데 변화되는 영혼이 있게 해달라고 말입니다. 많은 사람들이 저에게 5년, 10년 동안 이곳에 있어도 해내기 힘든 일을 1년 만에 하는 것은 불가능하다고 만류하였습니다. 그러나 저는 전도가 횟수가 문제가 아니라 예수에 대한 경험과 확신이 무엇보다 중요하다는 것을 알고 있었기에 흔들리지 않았습니다.

그러던 어느 날, 시내에 나갔다가 학교로 들어가기 위해 택시를 탔습니다. 인도의 택시는 오토바이를 개조한 택시입니다. 그날 저희가 탄 그 택시는 굉장히 새 차였습니다. 저희 다섯 식구는 기분 좋게 그 택시를 탈 수 있었습니다. 그때 이 운전사가 빙긋이 웃으면서 쳐다보며 저에게 이렇게 이야기하는 것입니다. "나는 브라만 계급입니다." 라고 말입니다. 인도에서는 70년대 말에 계급제도가 폐쇄되었습니다. 하지만 아직도 그 계급제도는 유효합니다. 그 계급제도 가운데 최고의 계급이 바로 제사장 계급인 브라만 계급입니다. 브라만 계급이라 하면 솔직히

자랑할 만합니다. 먼저 혈통이 달라 외모가 매우 출중합니다. 또한 남들보다 똑똑합니다. 그만큼 자부심을 가질 수 있는 계급입니다.

저는 그 운전사의 이야기를 듣고 가만히 있었습니다. 그랬더니 갑자기 자신에 대한 간증을 하기 시작하였습니다. 자신은 브라만 계급인데 자신이 섬기는 신이 은행에서 자금을 대출받을 수 있게 해주셔서 이 택시를 구입할 수 있었다고 말입니다. 은행에서 대출받는 것은 정말 기적 중에 기적인데 자신이 믿는 신의 도움으로 대출을 받아 이 택시를 구입했다고 계속 자랑하였습니다. 그래서 제가 당신이 믿는 신은 은행에서 대출을 해주냐고 질문하면서, 제가 믿는 신은 돈을 그냥 준다고 이야기하였습니다. 그랬더니 그 운전사가 놀라며 저에게 그 신에 대하여 이야기해 보라고 하였습니다.

저는 예수에 대하여 이야기하기 시작하였습니다. 인도가 영어권이라 영어로 대화하는 것도 힘든데, 영어로 전도를 하는 것은 더 만만치 않았습니다. 그때 성령님께서 저에게 지혜를 주셔서 20분 동안 복음을 전했습니다. 그리고 운전자에게 "당신도 예수님을 영접하면 나와 같은 자유를 얻을 수 있는 것뿐만 아니라 그 예수님이 당신의 주인이 되십니다. 예수님을 영접하겠습니까?" 라고 물었습니다. 사실 그때 참 조마조마하였습니다. 인도에서는 천민계급조차도 전도하기가 참 힘들다는데 최고의 계급인 브라만 계급을 전도하고 있으니 얼마나 조마조마했겠습니까?

그런데 그때 그 운전자가 예수님을 영접하겠다고 하였습니다. 그 소리를 듣고 저는 굉장히 놀랐습니다. 하지만 제 안에는 혹시 외국인이니까 외국인의 비위를 잘 맞춰서 팁을 더 받으려고 하는 것은 아닌가 하는 의구심도 있었습니다. 그렇지만 예수님을 영접한다고 하니까 일단 도착한 뒤 저를 따라서 영접기도를 하라고 하였습니다. 그는 저의 기도를 그대로 따라하며 자신의 삶의 주인이 예수님임을 고백하였습니다. 마지막에는 아멘까지 따라하였습니다.

저는 너무 기뻤습니다. 그리고 택시비와 팁을 주고 보내려고 하였습니다. 그런데 그 사람이 이상하게도 가지 않는 것이었습니다. 자세히 보니 눈에 눈물이 맺혀 있었습니다. 그리고 조용히 저를 부르고는 이렇게 이야기하는 것이었습니다. "당신이 이야기해준 예수를 내가 더 깊게 알기를 원하는데 내가 당신을 찾아와도 됩니까?" 라고 말입니다. 그 말을 듣고 저의 마음속에 감동이 강물처럼 밀려오기 시작했습니다. 인도에서 최고의 계급인 브라만 계급이 예수님에 대해서 듣고 눈물이 맺힌 채 예수님을 영접한 것입니다. 저는 언제든지 예수를 알고 싶으면 나를 찾아오라고 한 뒤, 그 운전사를 보냈습니다.

저는 너무 기뻐서 참을 수가 없었습니다. 그래서 제가 있는 대학의 총장을 찾아가 인도 땅에서 브라만 계급이 예수님에 대하여 듣고 영접하고 눈물을 글썽글썽 거렸다고 간증을 하였습니다. 그 총장이 가만히 듣더니 하나님을 찬양하자면서 함께 기뻐해 주었습니다. 정말 지금 생각해도 그때의 기쁨이 그대로 느껴지는 것 같습니다.

여러분! 예수 안에 능력이 있습니다. 그 예수를 말하지 않기 때문에 어떤 능력이 있는지 어떤 비밀이 있는지 알지 못하는 것입니다. 많은 사람들이 은사, 능력, 비밀, 권세에 대하여 이야기할 때 기도하다가 사람들이 쓰러지고 놀라운 기적이 일어나는 것이 능력의 전부라고 생각합니다. 그렇지 않습니다. 가장 큰 표적, 가장 큰 능력, 가장 큰 권세는 바로 사람이 변화되는 것입니다. 내가 이제까지 살아왔던 것을 내려놓고 새로운 주인을 만나는 것입니다. 그리고 하나님께서 창조하신 목적대로 변화되어져 가는 것입니다. 이것보다 더 큰 능력이 어디에 있겠습니까? 이 능력이 바로 예수 이름 안에 있습니다.

### 우리 안에 무너져야 하는 세상 기준들

사도행전 2장에서 제자들이 성령을 경험하고 그의 입이 열려지기 시작했습니다. 그리고 유대인들을 두려워하지 않고 그 많은 디아스포라들이 모여진 곳에서 예수에 대하여 설교하였습니다. 예수에 대한 베드로의 설교는 정말 놀랍고 대단하였습니다. 그 예수에 대한 설교에 대해 많은 사람들이 듣고 나서 가슴을 치고 회개하며 주 앞으로 돌이키는 놀라운 역사가 이어졌습니다. 3,000명이라는 그 많은 숫자의 사람들이 그렇게 변하는 모습을 보고 베드로 자신도 매우 놀랐을 것입니다. 그 당시는 지금보다 인구가 많지 않았을 텐데 베드로가 외쳤더니 3,000명이 회개를 한 것입니다. 이것이 무엇입니까? 바로 증인된 삶의 열매입니다.

제가 말씀드렸다시피, 예수의 증인된 삶을 살면 증인된 자가 먼저 예수에 대한 경험으로 놀라게 됩니다. 예수를 믿음으로 선포했더니 내가 기대했던 것보다 더 큰 역사가 일어나고, 기대하지 않았던 역사들이 일어나면서 예수 이름 안에 있는 다양한 능력들을 깨닫게 되는 것입니다. 바로 이러한 경험을 지금 예수의 증인으로 베드로가 하고 있는 것입니다.

이와 같이 베드로 사도는 누구보다도 예수를 깊게 경험하고 예배했던 자였습니다. 그러한 사도 베드로가 사도행전 10장에서 새로운 경험을 하게 됩니다. 그래서 저는 사도행전 중에서 사도행전 2장과 10장이 중요하다고 생각합니다. 사도행전 2장에서 빌기를 다하며 성령을 기다리던 사람들이 드디어 성령의 충만함을 경험하게 됩니다. 그리고 그 이후로 교회가 탄생되어지고 제자들의 입이 열리게 되었습니다. 처음으로 성령이 충만하게 부어지는 사건이 사도행전 2장에 있습니다.

또한 사도행전 10장은 이방인에 대한 오순절의 역사입니다. 이방인 고넬료의 집에 성령이 기름 부으셔서 사도행전 2장과 똑같은 역사가 일어났습니다. 그러면서 유대인 중심의 선교가 이제는 이방으로 넘어가게 되는 것입니다. 특별히 사도행전 10장에서는 이방인을 향한 성령의 세례가 어떻게 임하였는지를 자세히 보여주고 있습니다.

첫 번째로, 하나님께서 이방인들 가운데 고넬료를 선택하신 이유가 나옵니다. 물론 하나님의 주권입니다. 하지만 하나님은 아무렇게나 기준도 없이 주권을 행사하시는 분이 아니십니다. 성경을 보면 왜 고넬료의 집안에 이방인 최초의 성령이 역사가 있었는지를 이야기해주고 있습니다. 그것은 바로 고넬료는 하나님을 경외하는 자였다는 것입니다. 그리고 그는 기도하는 자였습니다. 또한 그는 구제하는 자였습니다. 하나님께서 이것을 기쁘게 보셨던 것입니다. 결국 고넬료는 하나님 앞에 뭔가 보여진 것이 있었던 사람이라는 것입니다.

그리고 하나님의 시점이 되었을 때, 하나님은 고넬료에게 찾아가셔서 해변에 있는 시몬의 집에 베드로라는 사람이 있는데 그 사람에게 청해서 말씀을 들으라는 환상을 보여주십니다. 그리고 나서 베드로에게도 하나님께서 찾아가셔서 환상을 보여주십니다. 베드로가 정해진 시간에 기도를 하는데 하늘에서 보자기가 내려옵니다. 그 보자기 안에는 여러 가지 유대인으로서 금기시하는 동물들이 들어 있었습니다. 하나님은 베드로에게 그것을 잡아먹으라고 말씀하십니다. 이에 베드로는 더럽고 부정하기 때문에 잡아먹을 수가 없다고 하나님께 말합니다. 그러나 이것은 베드로가 유대인의 틀을 벗어버리지 못하다고 있다는 것을 보여주었습니다.

여기서 우리가 깨달아야 할 것이 있습니다. 그것은 하나님께서 복음을 경험한 사람, 예수를 예배한 사람들을 각 요소와 장소에서 사용하길 원하신다는 것입니다. 하나님은 한 영혼을 구원하시려고 나의 인간적인 한계와 틀을 깨고서라도 나를 보내시는 분이십니다. 왜냐하면 예수의 복음을 경험한 자들이 그 장소에서 입을 열기만 하면 그곳에서 동일한 역사가 재현될 수 있기 때문입니다. 그래서 하나님은 예수를 경험한 베드로의 입을 여셔서 이방인들도 성령의 역사를 동일하게 경험하기를 원하셨습니다. 그런데 정작 베드로는 지금 자신의 유대인의 틀을 벗어나지 못해서 거부하고 있는 것입니다.

여러분, 하나님께서 지금 여러분들에게도 동일하게 말씀하고 계실 수도 있습니다. 예수를 경험하고 예배하는 우리들을 통해 일하길 원하시는데, 그렇지 못하고 막혀있다고 하는 것입니다. 그 첫 번째 이유는 기도를 하지 않기 때문에 보이지 않는 것입니다. 두 번째 이유는 기도는 하는데 나의 편견 때문에 그 하나님의 뜻을 받아드리지 않는 것입니다. 결국 그 편견 때문에 예수를 전하지 못하니까 그 예수가 내 안에서 드러나지 않고 있는 것입니다. 결국, 주님의 말씀 앞에 나의 기준과 편견들을 내려 놓는 것이 중요합니다. 그리고 주님의 말씀에 순종하여 예수를 온전히 증거 해야 합니다. 그렇게 내 안의 예수가 드러나야 능력이 나타나는 것입니다. 내 안에 있는 예수 이름이 선포되어져야 역사가 일어나는 것입니다.

## 우리는 순종하고 하나님은 역사하신다

하나님은 베드로가 온갖 핍박에도 굴하지 아니하고 자신이 경험한 예수를 증거하였기에 수많은 유대인들이 예수 이름의 능력을 경험하고 구원받은 것을 알고 계십니다. 그러하기에 베드로의 지경을 넓혀주고 계신 것입니다. 바로 유대인 뿐만 아니라 이방인들에게도 복음을 전하라는 것입니다. 그런데 베드로는 자신의 기준과 편견으로 이 명령을 거부하고 있습니다. 그러므로 예수를 말하는 자들은 나의 한계와 기준을 깨뜨려 하나님의 기준에 맞추는 것이 필요합니다. 그래야 나의 지경을 넓힐 수 있습니다. 나 자신이 예측하지 못하는 곳에서도 하나님은 나를 보내셔서 예수를 말하게 하실 수 있습니다. 말씀에 순종만 하면 하나님의 역사가 일어납니다.

베드로가 그 환상을 세 번이나 보고 걱정만 하고 있던 찰나에 고넬료가 보낸 사람들이 베드로에게 찾아왔습니다. 그리고 그 사람들이 찾아온 이유를 이야기하자 베드로는 그제야 깨닫게 되었습니다. '하나님이 하신 일이구나.' 많은 사람들이 자기의 고집과 편견과 경험 때문에 예수를 말하지 않는 경우가 참 많이 있습니다. 베드로 자신은 유대인들이 아직 다 구원을 못 받았기 때문에 유대인들을 위해서 먼저 예수를 전해야겠다고 생각했을 수도 있습니다. 그러나 하나님의 뜻은 달랐습니다. 지금 하나님의 때가 되었기 때문에 유대인들이 다 예수에 대하여 듣지 못했다고 할지라도, 준비된 베드로를 통해서 이방인에게도 복음을 전하시겠다는 것입니다.

베드로는 기도하는 사람이기에 이것이 하나님의 역사라는 것을 알았습니다. 왜 그렇습니까? 지금 고넬료와 베드로에게 동일하게 말씀하셨고 정한 때에 하나님께서 사람을 보내셔서 예측하지 못한 상황과 환경을 열어가는 것들을 보았기 때문입니다. 그래서 베드로가 그 보낸 사람들을 따라서 고넬료에게 가게 된 것입니다. 그리고 베드로가 고넬료 집안에 가서 한 일이 있습니다. 34절부터 43절까지의 말씀을 보도록 하겠습니다.

34 베드로가 입을 열어 말하되 내가 참으로 하나님은 사람의 외모를 보지 아니하시고

35 각 나라 중 하나님을 경외하며 의를 행하는 사람은 다 받으시는 줄 깨달았도다

36 만유의 주 되신 예수 그리스도로 말미암아 화평의 복음을 전하사 이스라엘 자손들에게 보내신 말씀

37 곧 요한이 그 세례를 반포한 후에 갈릴리에서 시작하여 온 유대에 두루 전파된 그것을 너희도 알거니와

38 하나님이 나사렛 예수에게 성령과 능력을 기름 붓듯 하셨으매 그가 두루 다니시며 선한 일을 행하시고 마귀에게 눌린 모든 사람을 고치셨으니 이는 하나님이 함께 하셨음이라

39 우리는 유대인의 땅과 예루살렘에서 그가 행하신 모든 일에 증인이라 그를 그들이 나무에 달아 죽였으나

40 하나님이 사흘 만에 다시 살리사 나타내시되

41 모든 백성에게 하신 것이 아니요 오직 미리 택하신 증인 곧 죽은 자 가운데서 부활하신 후 그를 모시고 음식을 먹은 우리에게 하신 것이라

42 우리에게 명하사 백성에게 전도하되 하나님이 살아 있는 자와 죽은 자의 재판장으로 정하신 자가 곧 이 사람인 것을 증언하게 하셨고

43 그에 대하여 모든 선지자도 증언하되 그를 믿는 사람들이 다 그의 이름을 힘입어 죄 사함을 받는다 하였느니라

사도행전 10장은 이방인이 성령세례를 경험하게 된 역사적인 장입니다. 그런데 이 놀라운 일이 예수의 증인이 된 베드로를 통해서 이루어졌습니다. 그러면 예수의 증인된 베드로가 무엇을 준비하며 어떤 일을 해왔습니까? 시간만 되고 기회만 주어지면 입을 열어 예수를 말하였습니다. 그러면서 옥에도 들어갔다 나오고 여러 가지 핍박을 받았지

만 예수를 전하는 일을 그치지 않았습니다. 그때 하나님께서 두 사람을 택하셨습니다. 한 사람은 고넬료이고, 다른 한 사람은 베드로인 것입니다. 이 역사적인 상황 가운데 베드로가 고넬료의 집에 가서 예수를 전하였습니다.

베드로 사도가 말한 것은 첫 번째, 예수가 삼년 동안 어떤 일을 행하셨는지를 이야기하였습니다. 성경에도 나와 있듯이 귀신들을 쫓아내고 인간의 문제들을 해결하신 분이 예수님이시라는 것을 이야기 하였습니다. 이 이야기를 선포한 이유가 무엇입니까? 너희들도 이방인이지만 너희들 안에도 문제가 있고 어려움이 있다는 것을 아는데, 그 모든 문제와 어려움들이 예수로 말미암아 해결될 수 있다는 사실을 선포한 것입니다. 그리고 두 번째로 베드로는 예수의 죽으심과 부활을 선포하였습니다. 예수가 우리의 죄로 인하여 죽으셨지만 하나님께서 다시 살리셨고 그 일에 우리가 증인이라는 것입니다. 세 번째로 이제 다시 살리신 예수를 모든 사람의 심판자로 세우셨다는 것입니다.

그런데 놀라운 일이 벌어졌습니다. 베드로는 그저 다른 사람들에게 이야기 하듯이 동일하게 말하였을 뿐인데, 그 이야기를 들으면서 그들이 회개하기 시작한 것입니다. 그리고 그 예수를 받아드리자 하나님께서 준비하신 성령이 그 이방인들에게 내리기 시작했습니다. 아마 베드로는 하나님께서 어떤 일을 계획하시고 어떻게 진행하실지 몰랐을 것입니다. 그런데 말씀에 순종하여 내가 경험하고 예배한 예수를 입을 열어서 증거하였더니, 하나님은 역사적인 일을 베드로를 통해서 행하신 것입니다. 바로 이것이 성경의 기록입니다.

예수를 말하면 그 예수 이름 안에서 하나님께서 당신의 역사를 만들어 가십니다. "내가 예수를 말하면, 하나님은 하나님의 역사를 만들어 가신다." 이것이 성경의 역사이며, 지금도 이 땅 가운데 하나님이 기록하시는 역사입니다. 하나님의 역사를 만들어 가는데 여러분들이 도구로 사용되어 질 수 있기를 원합니다.

### 예수를 말하고 예수를 말하게 하라!

예수를 말하면 하나님의 역사는 기록되어 갑니다. 그리고 나도 모르는 사이에 역사의 주인공이 되어 있는 것입니다. 기독교 역사를 보십시오. 하나님께서 위대하게 쓰신 사람들의 입에서 튀어나온 말은 모두 예수였습니다. 예수를 말하면서 하나님의 역사를 만들어 갈 수 있는 여러분이 될 수 있기를 간절히 소망합니다. 예수를 말하면서 그 예수 안에 있는 비밀과 능력을 경험해 갈 수 있기를 원합니다.

제가 가장 답답한 것이 예수를 믿으면서도 예수를 말하지 않고 있다는 것입니다. 교회를 나오면서도 예수를 선포하지 않고 있다는 것입니다. 집안에 온갖 문제가 다 있으면서도 왜 무릎 꿇고 예수 이름 앞에 기도하지 않고 있느냐는 것입니다. 하나님께서 이미 모든 해답을 예수 안에서 우리에게 주셨는데 말입니다.

저희 첫째 딸과 둘째 딸이 크면서 동시에 사춘기가 온 적이 있습니다. 둘째 딸은 좀 빠르고 큰 딸은 좀 늦은 편이었습니다. 사춘기가 한 명씩 오면 그래도 감당할 만한데 한꺼번에 오니까 참 힘들었습니다.

우리 아이들이 착하게 잘 자라왔는데, 제가 무엇을 이야기하면 자꾸 대꾸를 하고, 상처를 받거나 저를 어려워하였습니다. 그런데 하나님께서 저에게 어떤 싸인을 주셔서 한번은 아이들을 다 모았습니다. 그리고 진지하게 아이들에게 이야기하기 시작하였습니다. 사춘기로 인해 진로의 문제로 고민하는 아이들이기에 더욱 더 이 말이 필요하다는 생각이 들었습니다. 바로 아이들의 인생과 모든 것의 주인은 예수님이라는 것과 가장 중요한 문제를 예수님께 기도해야 한다는 말이었습니다. 받아드리지 않을 것만 같았던 아이들이 예수님의 이야기를 듣고는 마음을 바꾸고 눈물을 흘리며 자신의 진로를 예수님께 묻는 기도를 하겠다고 고백하였습니다.

아이일지라도 예수를 이야기하면 그들의 생각과 가치관이 바뀝니다. 예수를 이야기하면 남편이 바뀝니다. 예수를 이야기하면 아내가 바뀝니다. 예수를 이야기하면 문제가 해결됩니다. 우리가 경험한 그 예수, 그 예수를 우리의 입을 열어서 지속적으로 말할 수 있기를 원합니다.

여러분, 얼마나 예수를 이야기합니까? 예수의 이름을 믿고 선포하는 만큼 하나님의 은혜가 경험되고 역사가 나타납니다. 물론 신앙생활을 하면서 예수를 말하지 않아도 비슷한 역사가 나타나기도 합니다. 하지만 이것은 대단히 위험한 것입니다. 그래서 잘못된 신비주의로 가는 것입니다. 예수를 선포해서 나타난 역사, 예수가 중심이 되는 신앙은 균형 잡힌 모습을 갖추게 됩니다. 저는 우리 한국교회가 다시금 예수를 회복해야 한다고 믿습니다. 각 자의 교회에서 예수를 선포하시는 분들이 되시기 바랍니다. 예수 중심의 신앙을 회복하는 이 일에 여러분들이 중심이 되어 사용되기를 원합니다.

사도행전에서 장로들이 사도들을 붙잡아서 예수 이름으로 말하지 말라고 이야기합니다. 그럴 때 사도들은 이렇게 이야기합니다. "우리가 사람을 기쁘게 하랴 하나님을 기쁘게 하랴 우리가 사람의 말을 듣겠느냐 하나님의 말을 듣겠느냐" 라고 말입니다.

예수를 선포할 때마다 믿음으로 선포하시길 바랍니다. 여러분 때문에 주변에 있는 사람들이 예수를 경험하고 또 다시 예수를 말할 수 있는 일들이 일어나기를 원합니다. 하나님께서 우리들을 이 일로 부르셨습니다. 이 세상의 소망은 예수밖에 없습니다. 이 세상의 궁극적인 해답은 예수밖에 없습니다. 이제는 어떤 사람을 보더라도 입에서 "예수! 예수! 예수!" 그 이름이 나오시길 바랍니다. 마지막으로 이 세 가지 구호를 기억했으면 좋겠습니다. "예수를 경험하라!" "예수를 예배하라!" "예수를 말하라!" 이것은 단계적으로 경험하는 일이기도 하지만, 지금 우리 삶 속에서 동시에 일어나고 있는 일이기도 합니다. 여러분의 삶 안에 예수의 그 놀라운 능력이 지속적으로 드러날 수 있기를 간절히 소망합니다.

하나님께서 이미 우리에게 최고의 선물을 주셨습니다.
예수 안에 모든 보화가 있고, 모든 능력이 있습니다.

이 땅의 것은 한 번 있다가도 없어지는 것입니다.
우리에게는 그 영원한 것이 인생의 기준이 되어야 합니다.
세상적인 돈이, 세상적인 권세가 우리의 잣대가
되지 않기를 바랍니다. 내가 실패했어도
실패의 장소에서 예수를 예배하는 자가 되십시오.

7. 생명 되신 예수 그리스도 (요한복음 20장 31절)
8. 생명을 누리라! (요한복음 1장 1-9절)
9. 생명을 흘려보내라! (요한복음 1장 6-8절)

# PART III

> "생명을 누리고
> 생명을 흐르게 하라!"

## Chapter 7.
## 생명 되신 예수 그리스도

**요한일서 1:1-4**

1 태초부터 있는 생명의 말씀에 관하여는 우리가 들은 바요 눈으로 본 바요 자세히 보고 우리의 손으로 만진 바라
2 이 생명이 나타내신바 된지라 이 영원한 생명을 우리가 보았고 증언하여 너희에게 전하노니 이는 아버지와 함께 계시다가 우리에게 나타내신바 된 이시니라
3 우리가 보고 들은 바를 너희에게도 전함은 너희로 우리와 사귐이 있게 하려 함이니 우리의 사귐은 아버지와 그의 아들 예수 그리스도와 더불어 누림이라
4 우리가 이것을 씀은 우리의 기쁨이 충만하게 하려 함이라

'생명'이라고 하는 단어는 기독교인들에게 참 친숙한 단어입니다. 그러나 이 '생명'이라고 하는 단어가 가지고 있는 성경적 의미에 대해 명확하게 말해줄 수 있는 기독교인은 많지 않은 것 같습니다.

## Are you real christian?

제가 여기서 조금은 무거운 질문 하나를 드리겠습니다. 예수를 왜 믿습니까? 예수 믿는다는 것이 무엇을 말하는 것일까요? 참 당돌한 질문입니다. 그리고 그 질문에 충분히 대답할 수 있을 거 같으면서도 쉽게 대답할 수 없는 그런 질문이기도 합니다.

제가 신학대학원을 다닐 때 캐나다 벤쿠버에 어학연수를 갔었습니다. 주일이 되어 어느 교회에서 예배를 드릴까 굉장히 고민을 하다가 벤쿠버에서 가장 큰 한인교회를 찾아갔었습니다. 그 교회에서는 1부 예배는 영어로 청소년부가 드리고, 2부 예배는 어른들이 한국어로 드렸습니다. 그 당시 저는 청소년부 전도사였기 때문에 1부 예배를 참석했었습니다. 그러나 예배에 대해 크게 기대하는 마음은 없었습니다. '한국에서도 청소년들이 문제인데 이곳에 있는 청소년들이 뭐 얼마나 대단할까?' 란 마음이었습니다.

그런데 예배를 드리면서 저의 그 편견이 잘못되었음을 깨닫게 되었습니다. 예배팀이 나와 뜨겁게 찬양을 인도한 뒤 헌금순서가 되어 어떤 한 자매가 나와서 특송을 하였습니다. 이 자매는 20대 후반쯤 되어 보였습니다. 그런데 나와서 찬양을 하다가 막 우는 것이었습니다. 그러면서 감정을 추스르며 겨우 찬양을 끝냈습니다.

설교시간이 되어 전도사님께서 나오셨습니다. 크리스라고 하는 한인 3세였습니다. 그 전도사님이 설교를 하시는데 예수 십자가를 그렇게 강조를 하셨습니다. 200명 정도 되는 학생들과 교사들 그리고 크리스 전도사님이 드리는 그 예배는 정말 뜨거웠습니다. 저는 큰 도전을 받고 집으로 돌아왔습니다.

그 다음 주일에 또 그 교회를 찾아갔습니다. 역시나 뜨거웠습니다. 그리고 헌금시간에 특송을 하는데 이번에는 고 3쯤 되어 보이는 한 학생이 나와서 찬양을 불렀습니다. 그런데 그 학생이 찬양을 부르다가 또 울었습니다. 저는 예수님을 너무 사랑해서 찬양을 하며 막 우는 사람을 보면 마음이 뭉클해지곤 합니다.

예배를 마치고 또 한 번의 큰 도전을 받은 저는 도대체 이 청소년부를 이끄시는 크리스 전도사님이 굉장히 궁금해졌습니다. 어떤 목회 철학을 가지고 청소년부를 끌어가시기에 200여명의 청소년 유학생들이 이렇게 살아있는 예배를 드릴 수 있을까 궁금해졌습니다. 그래서 저는 예배가 끝나자마자 크리스 전도사님을 찾아갔습니다. "전도사님 저는 한국에서 온 전도사인데 이 교회에서 예배를 두 번 참석하고 나서 너무나 큰 도전을 받았습니다. 전도사님께 여쭤보고 싶은 것이 있는데 시간을 좀 내주시겠습니까?" 그랬더니 그 전도사님이 흔쾌히 허락하시며 저를 데리고 한 음식점으로 가셨습니다.

음식을 대접 받으면서 크리스 전도사님과 이야기를 나누었습니다. 저는 "전도사님, 도대체 전도사님이 가지고 계신 목회철학이 무엇입니까?" 라고 크리스 전도사님에게 물어봤습니다. 그러자 이 전도사님이 대뜸 저에게 "Are you a christian?"이라고 되물었습니다. 그 질문을 듣고 나니 굉장히 기분이 나빴습니다. '자기만 전도사야? 나도 전도사라고 분명히 얘기 했는데 전도사면 크리스천 아닌가?' 그래서 저는 힘 있게 대답을 했습니다. "Yes, I am a christian!!"

그랬더니 이 분이 다시 저에게 묻는 것이었습니다. "Are you a real christian?" 아까 질문에 'real' 자만 더 붙여진 것이었는데 그 'real' 이라는 단어에 갑자기 고개가 딱 숙여졌습니다. 크리스 전도사님이 청소년부를 어떻게 끌어가시는지 그 질문 안에 그분의 마인드가 다 담겨져 있었습니다. 저는 감히 그 전도사님 앞에서 'Yes, I am a real christian' 이라고 대답할 수가 없었습니다. 그리고 한국을 돌아오면서 제 머릿속에 'real christian' 이라는 단어가 계속 맴돌았습니다.

제가 여러분들에게 동일한 질문을 던지고 싶습니다. 당신은 진정한 그리스도인입니까? 진정한 그리스도인에게는 특징이 있습니다. 그것이 바로 생명입니다. 생명은 살아서 움직이는 것을 말합니다. 요한복음 20장 31절의 말씀을 보겠습니다.

> 31 오직 이것을 기록함은 너희로 예수께서 하나님의 아들 그리스도이심을 믿게 하려 함이며 또 너희로 믿고 그 이름을 힘입어 생명을 얻게 하려 함이라

사도 요한이 요한복음을 기록한 목적을 요한복음 20장 31절 한 구절로 말하고 있습니다. 오직 이것을 기록한 이유는 첫 번째, 예수가 하나님의 아들 그리스도라는 것을 믿게 하기 위해서 라고 말하고 있습니다. 나사렛 예수, 목수의 아들 예수, 평범한 마리아에게서 태어난 예수, 그 예수가 '하나님의 아들이자 그리스도다' 라고 하는 것입니다.

그리스도라는 말은 헬라어로 '크리스토스' 라는 말인데 이 말은 '기름부음을 받은 자' 라는 뜻을 가집니다. 이 '기름부음을 받은 자' 를 한 마디로 표현하면 '메시아' 라고도 말할 수 있습니다. 사도 요한이 요한복음에서 말하고 싶었던 것이 바로 예수가 메시아라고 하는 것입니다. 메시아라는 말의 의미는 '나를 구원해주실 분', '나를 살려주실 분' 이라고 하는 것입니다.

우리의 인간적인 눈으로 볼 때 예수는 연약한 인간에 불과합니다. 지위도 없고 돈도 없습니다. 가진 것이 아무것도 없습니다. 나를 구원하고 회복하게 할 만한 어떠한 세상적인 기준도 가지고 있지 않습니다. 그런데 사도 요한이 요한복음 1장부터 21장까지를 기록한 가장 중요한 이유 중의 하나가 바로 예수가 하나님의 아들이시며 메시아라는 것을 알리기 위함이라고 말하고 있습니다. 즉, 우리의 삶 속에 어렵고 힘들고 무너지고 고달픈 그 모든 것을 회복시켜주실 분이 예수님이라는 것입니다.

그런데 요한복음 20장 31절 말씀은 예수님이 메시아라고 하는 것을 믿는다는 것에서 끝나지 않고 있습니다. 그 예수를 믿음으로, 그 이름을 힘입어 생명을 얻게 하려 함이라고 말씀하고 있습니다. 이것이 바로 요한이 요한복음을 쓴 이유입니다. 이 요한복음을 통해 그 당시 초대교회 신자들에게 요한이 가르쳐 주려고 했던 핵심이 바로 여기에 있습니다. 예수가 하나님의 아들이고 하나님이 보내신 메시아이며, 그 예수를 믿음으로 말미암아 생명을 얻게 하려 함이었습니다.

말씀을 한 구절 더 보도록 하겠습니다. 요한일서 5장 11절-13절입니다.

11 또 증거는 이것이니 하나님이 우리에게 영생을 주신 것과 이 생명이 그의 아들 안에 있는 그것이니라.
12 아들이 있는 자에게는 생명이 있고 하나님의 아들이 없는 자에게는 생명이 없느니라.
13 내가 하나님의 아들의 이름을 믿는 너희에게 이것을 쓰는 것은 너희로 하여금 너희에게 영생이 있음을 알게 하려 함이라

요한일서의 저자도 사도 요한입니다. 13절에서 요한일서를 기록한 목적 또한 하나님의 아들을 믿는 너희에게 영생이 있다는 것을 가르쳐 주려 함을 말하고 있습니다. 그런데 요한일서 5장 13절의 내용은 요한복음 20장 31절의 말씀과 조금 다른 차이점을 가집니다.

요한복음에서는 "내가 오직 이것을 쓰는 이유는 예수가 하나님의 아들과 메시아이심임을 믿게 하려 함이고 믿는 자들이 그 이름의 능력을 믿음으로 생명을 얻게 하려 함이라"라고 말하고 있습니다. 이것이 요한일서와 무슨 차이가 있을까요? 요한복음은 믿지 않는 자들에게 믿도록 하기 위해서 변증하며 설득하는 글을 쓰고 있는 반면에, 요한일서는 이미 예수가 하나님의 아들임을 믿는 너희에게 영생이 있다는 것을 다시 한번 확인시켜주는 글입니다.

## 생명주시기 위해 오신 예수님

예수님이 이 땅에 오신 궁극적인 이유가 있습니다. 바로 우리가 흔히 알고 있다시피 우리를 구원하시기 위해서 오셨습니다. 그렇다면 예수를 믿고 교회를 다니는 우리는 구원을 받았기 때문에 모든 것을 다 이룬 것일까요? 저는 여기에 대해서 고민을 참 많이 하였습니다.

대부분 구원을 받은 사람들이 구원을 받지 않은 사람들과의 삶의 모습이 비슷합니다. 때로는 오히려 구원 받은 사람들이 구원 받지 않은 사람들보다 더 못할 때도 있습니다. 그렇다면 구원을 받은 사람과 구원을 받지 않은 사람에게 어떠한 차이가 있습니까? 저는 우리들이 구원이라고 하는 이 단어를 단순히 내 죄가 용서함을 받고 하나님의 자녀가 됐다는 것에서 끝내버리기 때문에 문제가 있다고 생각합니다.

사실 구원이라고 하는 단어는 좀 포괄적인 단어입니다. 빌립보서에 보면 '너희의 구원을 두렵고 떨리는 마음으로 온전히 이루라' 고 바울 사도가 말하고 있습니다. 예수님이 이 땅에 오신 목적은 우리를 구원하시기 위함입니다. 그런데 이 말을 또 다르게 표현해 볼 수 있습니다. 예수님이 우리에게 생명을 주시기 위해 오셨다고 말입니다. 요한복음 10장 10절에서도 예수님이 이 땅에 오신 목적을 '우리로 하여금 생명을 얻게 하고 또 그 생명을 더 풍성히 누리게 하려 함'이라고 기록하고 있습니다. 그렇기 때문에 생명은 한 번 얻는데서 끝나는 것이 아닙니다.

여러분들이 이렇게 생각할 수 있습니다. '나는 이미 그 생명을 경험해 봤는데, 그것을 또 경험해야 하나?' 라고 생각할 수 있습니다. 그런데 제가 묻고 싶은 것은 예수를 믿고 있는 여러분들 안에 지금도 그 생명이 살아서 움직이고 있느냐는 것입니다. 그 생명은 일회적으로 한번 경험하고 끝나는 것이 아닙니다. 그 생명은 하나님이 나를 부르시기 전까지 이 땅에서 지속적으로 누릴 수 있는 것이어야 합니다.

성경의 복음서를 보면 꾸준히 예수 생명이라는 말이 나옵니다. 예수님이 우리에게 생명주시기 위해 이 땅에 오셨다는 말입니다. 또한 우리가 그 생명을 얻고 생명을 풍성히 누리며, 생명을 누리는 자들을 통해 그 생명이 이 땅 가운데 계속해서 흘러가게 하기 위해서 오셨다는 말입니다. 그렇다면 제가 여러분에게 처음 드린 질문에 대해서 답이 될 수 있을 것입니다. 왜 예수를 믿으십니까? 예수를 믿음으로 말미암아 예수 안에 있는 생명을 얻고, 그 생명을 풍성하게 누리며 이 땅 가운데 그 생명을 흘려보내기 위함입니다.

## 생명을 잃어버린 인간

그렇다면 이 생명이 구체적으로 무엇을 말하는 것일까요? 나는 지금 살아있는데, 나는 이미 구원받았는데, 나는 지금 죽어도 천국 갈 확신이 있는데 도대체 성경에서 말하는 우리가 지속적으로 누려야 할 생명이 무엇이라는 것입니까? 이 질문의 답이 요한복음 5장 24절에 나와 있습니다.

24 내가 진실로 진실로 너희에게 이르노니 내 말을 듣고 또 나 보내신

이를 믿는 자는 영생을 얻었고 심판에 이르지 아니하나니 사망에서 생명으로 옮겼느니라.

하나님께서 인간을 창조하실 때 우리에게 이미 생명을 주셨습니다. 그래서 우리는 살아있는 생명 안에 있는 존재가 되었습니다. 이것을 창세기 2장 7절에서 기록하고 있습니다.

7 여호와 하나님이 땅의 흙으로 사람을 지으시고 생기를 그 코에 불어 넣으시니 사람이 생령이 되니라

아담과 하와의 선악과 사건 이후로 인간은 죄 때문에 타락해서 하나님이 창조하셨던 원형의 모습을 잃어버렸습니다. 그리고 하나님이 창조하셨던 목적도 잃어버렸습니다. 그렇기 때문에 우리는 죽을 수밖에 없는 존재가 되어버린 것입니다. 그런데 사망 가운데 있는 우리를 생명 가운데로 건져주시기 위해 이 땅에 오신 분이 바로 예수 그리스도입니다. 따라서 우리가 예수 그리스도를 통해 다시금 회복되고 돌아가야 할 원형이 바로 창세기 1장, 2장의 하나님의 창조 질서 안으로입니다. 우리가 예수 믿으면서, 또는 성령의 체험을 하면서 돌아가야 할 원형, 회복되어져야 될 최종 목적지가 바로 하나님이 처음 만드셨던 타락하기 전의 인간의 모습이라는 것입니다.

하나님이 인간을 처음 창조하셨을 때의 모습, 바로 생명의 원형의 근거를 들 수 있는 성경구절이 창세기 2장 7절입니다. '생기를 그 코에

불어넣으시니' 에서 이 생기라고 하는 것은 히브리어로 '루아흐' 라는 말입니다. 이 단어는 하나님의 숨을 나타냅니다. 이것을 다른 말로 표현하면 성령으로 표현되기도 합니다.

요한복음 20장을 보면 부활하신 예수님이 제자들을 만나주시고 나서 숨을 내시며 "이르시되 성령을 받으라." 라고 하셨습니다. 왜냐하면 하나님의 숨에는 살아있는 기운 즉, 살아있는 영이 담겨 있기 때문입니다. 그래서 예수 믿는 자들에게 성령이 들어오시는 것입니다.

또한 창세기 2장 7절에 '사람이 생령이 되니라' 에서 '생령' 이라는 단어는 살아있는 실체 즉, 죽은 것이 하나도 없는 상태를 말하는 것입니다. 다시 말하면, 죽어있는 모습이 하나도 없는 온전히 모든 것이 다 살아나 있는 상태를 말하는 것입니다. 우리가 돌아가야 할 모형이 바로 여기에 있습니다. 죽어진 부분이 하나도 없는 온전히 모든 것이 다 살아나 있는 상태가 바로 우리가 회복되어야 할 원형의 모습이라는 것입니다.

따라서 여러분들의 삶 속에 죽어있는 부분이 있는가를 생각해 보셔야 합니다. 몸이 아프십니까? 그렇다면 그 부분은 죄로 인해 죽어있는 부분이라고 말할 수 있습니다. 짜증이 나고 화가 나십니까? 그렇다면 그 부분도 죄로 인해 죽어있는 부분이라고 말할 수 있습니다. 힘들고 어려운 그 모든 것들은 다 하나님의 창조의 모습과 어긋나 죽어있는 부분이라는 것입니다. 하나님께서 인간을 창조하신 본연의 모습 즉, 생령이라고 하는 인간의 상태는 내 삶의 모든 것들이 다 생기 있게 살아있는 것이라고 말할 수 있습니다. 그런데 인간이 죄를 지으면서 그 온전한 모습이 깨어진 것입니다.

## 생명을 잃어버린 원인 – 죄

그렇다면 죄는 무엇일까요? 이 죄라고 하는 것을 흔히 선악과를 따먹은 것, 그래서 불순종이 죄라고 말할 수 있겠지만 선악과 하나를 따먹은 것이 죄의 전부라고 말할 수 있는 것은 아닙니다. 아담과 하와가 선악과를 따먹은 사건에는 그 이면에 더 중요한 부분이 있습니다. 아담과 하와가 선악과를 따먹기 전에 뱀이 와서 뭐라고 유혹하였습니까? 창세기 3장 5절 말씀을 보도록 하겠습니다.

> 5 너희가 그것을 먹는 날에는 너희 눈이 밝아져 하나님과 같이 되어 선악을 알 줄 하나님이 아심이니라

인간이 선악과를 따먹었다라고 하는 것은 한순간의 실수로 그것을 따 먹은 것이 아니라 나의 자유의지를 사단에게 주었다는 것을 의미합니다. 분명히 사단이 이야기 했습니다. '그것을 먹으면 하나님과 같이 될 거야.' 이 말을 듣고 아담과 하와가 선악과를 쳐다보며 고민을 했을 것입니다. 그런데 결국 선악과를 따먹었다라고 하는 것은 나의 의지를 행동으로 표현한 것입니다. 어떤 의지입니까? '내가 이 선악과 열매를 따먹어서 하나님처럼 될 거야' 라는 의지입니다. 이것이 죄입니다. 그렇기 때문에 이 죄는 결코 가벼운 것이 아닙니다.

우리는 흔히 '거짓말 한 죄와 살인한 죄가 어떻게 같습니까?' 라고 질문할 수 있습니다. 그러나 이 죄라고 하는 것의 근원이 피조물이 창조주를 인정하지 않고 그 창조주를 대항하고 싸워서 그 자리를 차지하겠다고 하는 것이기 때문에, 하나님 앞에서 모든 죄의 무게는 같습니다. 하나님의 자리에 올라서면 거짓말한 사람은 살인도 할 수 있기 때문입니다. 그러나 피조물은 절대로 창조주가 될 수 없습니다. 하나님이 아무리 당신의 형상과 모습대로 인간을 지으셨지만 인간은 피조물일 뿐입니다. 하나님의 내적인 성품을 다 부여해서 하나님을 꼭 닮은 존재로 인간을 지으셨지만 인간은 결코 창조주가 될 수 없습니다. 인간은 하나님에 의해서 창조된 존재입니다.

그렇다면 하나님이 왜 아담과 하와에게 선악과를 따먹지 말라고 말씀하셨는지 이해할 수 있습니다. 그것은 선악과가 중요해서가 아닙니다. 하나님의 말에 절대적으로 순종하는가 하지 않는가를 시험해보기 위해서도 아닙니다. 바로 하나님이 인간을 사랑하기 때문에 말씀하셨던 애절한 호소였습니다. '잘 봐라, 너희가 아무리 노력해도 너희는 하나님이 될 수 없어, 너희는 하나님 없이 살 수 없어.' 라는 것입니다. 그런데 피조물인 인간에게는 이러한 하나님의 마음과 반대되는 본질적인 욕구가 있습니다. 무언가 나를 통해서 능력이 나타나고, 나를 통해서 영향력이 드러날 때 내가 높아지고 하나님처럼 되고 싶은 마음입니다. 이것이 바로 죄입니다.

여러분 창세기 2장에 보면 하나님이 인간에게 명령을 주십니다. '네가 이 모든 것 다 다스려라, 다 정복해라, 그리고 여기서 충만하게 번

성해라.' 그래서 이 명령대로 아담과 하와가 자연 만물에게 이름을 지어주었다라고 성경에 기록되어 있습니다. 이름을 지어주었다 라는 것이 무엇을 의미하는 것입니까? 바로 그 자연 만물의 실체의 의미를 내가 부여해 주었다는 것입니다. 히브리인들에게 이름이라고 하는 것은 그 실존 자체를 나타내 주고 있기 때문입니다.

여러분, 인간이 하나님의 형상과 모습대로 지음을 받았고 하나님과 똑같은 존재가 되었습니다. 그리고 하나님의 명령대로 모든 것을 다 누리고 다스릴 수 있게 되었습니다. 그러고 나서 그들에게 이름을 지어주기 시작합니다. '너는 사자야, 너는 늑대고 너는 하마야.' 그 이름을 지어준대로 그들이 행동을 하는 모습을 보고 얼마나 가슴이 뿌듯했을까요? 그런데 바로 그 찰나에 유혹이 들어왔습니다. 이 사단이 뱀의 모양을 하고 들어가서 '왜 하나님이 동산 중앙에 있는 선악을 알게 하는 나무의 열매는 따먹지 말라고 하더냐?' 라고 물어보는 것입니다. 그 때 한 번도 생각해보지 못했던 아담과 하와가 '글쎄' 라고 대답을 했을 것입니다. 그러자 이 사단이 아주 강력하게 도전을 해옵니다. '왜 따먹지 못하게 하는 줄 알아? 그것을 따먹으면 눈이 밝아져서 너도 하나님처럼 되기 때문이야.' 라고 말을 합니다. 그리고 아담과 하와는 선악과를 따먹었습니다. 이 '따먹었다' 라고 하는 것은 나의 의지를 드려 하나님을 대적하겠다는 것입니다.

이러한 관점에서 죄를 볼 때, 인간의 모든 죄는 창세기 3장에서 인간이 하나님이 되고자 했던 그 삐뚤어지고 교만한 마음에서부터 시작된 것입니다. 그래서 거짓말을 한 사람은 때릴 수 있고, 거짓말을 한 사람은 도둑질도 할 수 있고, 거짓말 한 사람은 강간도 할 수 있습니다. 그래서 하나님께서는 인간이 짓는 모든 죄가 동일한 것이라 볼 수 있습니다. 이 모든 죄의 근원이 바로 하나님을 대적하고 하나님의 자리에 똑같이 올라가려고 했던 것에서 동일하게 시작되었기 때문입니다.

## 죄의 결과로 찾아온 죽음

성경에 나와 있는 것을 큰 주제로 나누자면 이렇게 얘기할 수 있습니다. 예수는 생명을 가져오고, 죄는 사망을 가져옵니다. 죄 때문에 사망, 죽음이 왔습니다. 분명히 지금 이 책을 읽고 계신 분들 가운데에서도 오늘 하루 죄 지은 사람이 많이 있을 것입니다. 오늘 아침에 누구랑 싸운 사람도 있고, 험한 말을 해서 가슴에 불편함이 있는 사람도 있을 것입니다. 분명히 우리는 연약함이 있기 때문에 죄 지을 수 있습니다.

그런데 죄로 인한 사망을 이야기하면서 이렇게 생각하는 분이 계실 것입니다. '분명히 내가 죄를 지었는데 죄가 사망을 가져왔다면, 나는 죽어야 하는데 어떻게 멀쩡하게 살아 있을 수 있을까?' 여기서 분명히 아셔야 할 것이 있습니다. 죄의 결과로 온 사망은 금방 죽는 것을 의미하지 않습니다. 이 말은 내가 지금 사망의 영역 안에 있다고 하는 것입니다. 죽음의 영역 안에 있으면, 죽음의 열매를 맺게 되고 그렇게 죽음의 열매를 맺다가 나중에는 영원한 죽음으로 뻗어가는 것입니다. 그런데 사망에서 생명으로 옮겨져서 생명의 영역에 있는 사람들에게는 생명의 영역 안에 있기 때문에, 생명의 열매들을 맺다가 결국에는 영원한 생명을 얻게 된다는 것입니다.

원래 생명으로 가득 차 있었던 존재가 우리 인간이었습니다. 죽어 가는 요소들이 하나도 없었습니다. 멸망해가는 요소들이 하나도 없었습니다. 나의 삶 속에서 힘을 잃어가는 요소가 하나도 없었던 존재가 '원래의 나'였습니다. 그런데 오늘날 나를 비롯해서 주변의 사람들을 보면, 분명히 내 삶 속에 힘을 잃어 시들어가고, 죽어가는 요소들이 있습니다. 그렇다면 왜 예수를 믿으면서도, 내 삶에서 계속해서 죽어 가는 요소들이 생겨나는 것입니까? 왜 구원받은 하나님의 자녀가 되었음에도 회복되지 않고 있습니까?

어떤 사람들은 원치 않게 암이 걸립니다. 어떤 사람들은 원치 않게 자꾸 사람하고 다툼이 있고 부딪칩니다. 어떤 사람들은 재정이 바닥납니다. 어떤 사람들은 자꾸 불안해하고 절망합니다. 이것이 다 죽음의 요소들입니다. 창세기 1장, 2장을 보니깐 하나님이 창조하셨던 인간의 원형의 모습에는 이런 것이 없었습니다. 그런데 창세기 3장에서 인간이 타락한 이후부터 이 문제들이 흘러나오기 시작했습니다. 그렇다면 이것이 다 무엇입니까? 바로 죄 때문에 온 사망의 결과들이라는 것입니다.

사단은 자꾸 유혹할 수 있습니다. '너는 원래 유전자가 그래. 너는 원래 너희 조상 때부터 백혈병이었잖아.' 이러면서 계속 '원래'를 가지고 얘기를 합니다. 그런데 실제로 '원래'를 따지려면 창세기 1장, 2장으로 가야된다는 것입니다. 나는 원래 생기 즉, 살아있는 모든 것으로 가득 채워진 자였습니다. 죽어있었던 요소가 하나도 없었던 자였습니다. 그런데 죄 때문에 죽음이 찾아오기 시작한 것입니다.

창세기가 중요하기 때문에 창세기를 가지고 강해를 할 때가 종종 있습니다. 그러면 누군가 용기 있는 친구들이 이런 질문을 하기도 합니다. "목사님, 창세기 2장에 보면 하나님께서 아담과 하와가 선악과를 따먹으면 정녕 죽을 것이라고 하셨는데 왜 인간이 죽지 않았나요? 하나님께서 괜히 겁을 주려고 거짓말 하신 것 아닙니까?" 라고 말입니다. 사실 선악과를 따먹은 아담과 하와는 겉으로는 죽은 것처럼 보이지 않습니다. 그러나 아담과 하와는 죽은 것이 맞습니다.

죄로 인한 인간의 죽음에는 세 가지 단계가 있습니다. 첫 번째, 죄로 인해 하나님의 영이 떠나가 버렸기 때문에 인간은 영적으로 죽은 존재가 되었습니다. 우리가 예수님을 통해서 구원 받았다라고 했을 때 어떠한 상태를 구원이라고 정의하느냐 하면 죄 용서함을 받고 떠났던 성령이 다시 내주하시게 된 상태를 말합니다. 이 성령의 내주하심을 신학적인 용어로 '중생'이라고 합니다. 즉, 중생이란 성령이 내 안에 들어오셔서 내 삶에 자리 잡고 계시는 것을 말합니다. 이것이 다시 태어나는 '거듭남' 입니다.

하나님의 형상과 모습대로 지음을 받았던 인간에게 하나님이 생기를 불어넣어주셔서 생령이 되었습니다. 그런데 인간이 죄를 지으면서 하나님의 영이 떠나가 버렸습니다. 나를 생기 있게 모든 요소들이 살아있도록 만드는 가장 강력한 힘은 무엇입니까? 바로 하나님의 영이신 성령입니다. 그런데 하나님의 영이 떠나가 버렸기 때문에 인간은 영적으로 죽게 되었고, 영적으로 죽어버렸기 때문에 인간은 죽음의 영역으로 들어가 죽음의 열매를 맺다가 영원히 죽게 될 존재가 되어 버린 것입니다.

그래서 육적인 죽음이 왔습니다. 이 땅에서 불로장생한 사람은 아무도 없습니다. 많이 살아야 100세, 110세 이렇습니다. 그리고 그렇게 죽는 것으로 끝나는 것이 아니라 영원한 심판과 죽음이 있다고 그랬습니다. 그래서 인간은 세 번 죽습니다. '영적인 죽음, 육적인 죽음, 영원한 죽음'입니다. 그런데 왜 하나님께서 타락한 인간을 한 번에 안 죽이시고 세 번에 걸쳐 죽이시는 것일까요? 이것이 바로 사랑입니다. 한 칼에 죽이면 우리에게는 회복의 기회가 없습니다. 그런데 하나님이 우리를 너무 사랑하셔서 우리에게 기회를 주신 것입니다.

### 인간을 향한 하나님 아버지의 마음

인간이 하나님을 거부하고 하나님을 대적하며 하나님의 자리를 차지하려고 했기 때문에 하나님의 영은 더 이상 인간 안에 머물 수 없었습니다. 그래서 하나님의 영이 떠나가 버렸습니다. 그런데 하나님의 영은 어떤 기운입니까? 나를 살아 있게 만드는 원동력입니다. 그 영이 떠나가 버렸기 때문에 나는 죽음의 영역에 있다가 죽을 수밖에 없는 존재가 된 것입니다. 하나님이 처음 인간을 창조하셨을 때는 하나님처럼 죽지 않는 존재로 창조하셨습니다. 그런데 인간이 죽게 되었습니다. 그리고 영원히 죽게 되었습니다.

이 과정에서 본다면 우리가 100세 또는 110세 살아가는 인생 가운데 이 땅에서 주어진 시간은 어떤 시간입니까? 바로 영적 유예기간입니다. 나를 죽음의 영역에서 생명의 영역으로 회복할 수 있는 기회의 시간이라는 것입니다. 그리고 그 시간 안에서 죄에서 용서받고 다시 태어날 수 있는 하나님의 유일한 방법이신 예수 그리스도를 주셨습니다. 그래서 죄로 인해 죽어가는 인간이 이 땅의 기간 동안 해야 하는 가장 중요한 일이 있다면, 예수를 믿음으로 '사망에서 생명으로 옮겨가는 일'이라 할 수 있습니다.

저에게는 딸이 셋이 있습니다. 저는 그 아이들을 굉장히 사랑합니다. 아이들이 제 말을 안 들 때도 있고, 심지어는 저의 사랑을 못 받아줄 때도 있지만 저는 그 아이들을 사랑합니다. 왜냐하면 내 자식이니까요. 날 닮은 내 자식이라는 이유만으로도 저는 저의 딸들을 무척이나 사랑합니다.

그런데 제가 이렇게 딸을 사랑하는 마음의 기원이 하나님께로부터 온 것입니다. 하나님이 인간을 왜 사랑하실까요? 하나님이 만드신 하나님의 자식이니까 사랑하는 것입니다. 우리는 하나님의 형상과 모습대로 지음 받은 존재입니다. 쉽게 말하면 하나님의 유전자를 가진 하나님을 꼭 닮은 존재라는 것입니다. 그래서 하나님은 인간을 사랑하실 수밖에 없습니다. 부모가 자식을 사랑하듯이 말입니다.

하나님께서 나를 사랑하실 수밖에 없는 이유를 나의 자녀와의 관계 속에서 깨닫게 하셨습니다. 하나님은 하나님의 자녀인 우리를 결코 포기하지 않으십니다. 그 하나님이 우리를 포기할 수 없기 때문에 우리에게 기회를 주신 것입니다. 이 땅에서 사는 동안 기회를 주신 것입니다. 사랑하기 때문에 하나님이 영원히 우리를 죽게 내버려두시지 아니하시고 우리에게 유예기간을 주신 것입니다.

## 생명의 이름 예수 그리스도

창세기부터 계시록까지 성경에서 말하는 인류의 역사는 회복의 역사입니다. 그렇다면 인간이 회복될 수 있는 방법은 무엇입니까? 바로 예수입니다. 우리는 예수를 통해서 회복될 수 있습니다. 구약은 모든 것의 모형입니다. 그 모형이 성취된 것이 예수 그리스도입니다. 타락한 인간을 위해서 하나님이 약속하신 것은 예수 십자가 밖에 없습니다.

그런데 이 회복의 역사를 성경에서는 또 다른 말로 생명의 역사라고 표현하고 있습니다. 원래 생명으로 가득 차 있었던 존재가 바로 나였습니다. 그런데 인간이 죄를 지으면서 그 생명이 무너졌습니다. 그 생명이 죽어가기 시작했습니다. 죄가 사망을 불러왔기 때문입니다. 그래서 우리가 당장 안 죽어도 내 몸에 어려움이 있습니다. 내 몸에 아픔이 있습니다. 그리고 내 삶에 불안한 요소가 있고 죽음의 요소들로 그늘지게 되었습니다. 이 모든 것이 죄로 인한 죽음의 결과로 온 것입니다.

그래서 하나님이 예수를 보내주신 것입니다. 그 죽음의 그늘에 드리워진 인간을 다시 생명으로 살리시기 위해서 예수님을 보내주셨습니다. '아들이 있는 자에게는 생명이 있다.' 라고 하는 말씀이 바로 그 말씀입니다.

예수를 믿으면서 이러한 생명이 누려져야 합니다. 우리의 삶 속에서 예수 안에 있는 생명으로 말미암아 우리의 죽어가는 모든 요소들이 살아나는 역사를 누리고 있지 못하다면 우리는 예수를 뭔가 잘못 믿고 있는 것입니다. 이것이 굉장히 강력한 말이라는 것을 잘 압니다. 그럼에도 불구하고 여러분들에게 이렇게 말하고 싶습니다. 요한복음, 요한일서 아니 복음서 전체를 통해 지속적으로 예수 생명을 말하고 있기 때문입니다. 결국 예수가 생명을 주시기 위해서 왔기 때문에 그 예수로 인해 내 삶에 죽어가는 모든 요소들을 살릴 수 있다는 것입니다. 저는 예수를 믿으면서 이러한 것들이 지속적으로 경험되어져야 한다고 생각합니다.

여러분, 왜 전도를 못하는 줄 아십니까? 왜 세상에서 교회로 사람들을 인도하지 못하는 줄 아십니까? 내 안에 확신이 없기 때문입니다. 어떤 확신입니까? 죄로 인해 죽을 수밖에 없는 인간이 예수를 만나면, 그 예수를 믿고 구주로 영접하면 우리의 삶 속에서 죽어가는 모든 요소들이 살아날 수 있다는 확신 말입니다. 내가 먼저 경험했으면 외칠 수 있잖아요. 내가 경험한 것을 확신 가운데 외치며 나누는데 영향력이 있지 않겠습니까? 이것을 사도요한이 요한일서 1장 1절에서 4절에 아주 자세하게 표현을 하고 있습니다.

1 태초부터 생명의 말씀에 관하여는 우리가 들은 바요 눈으로 본 바요 자세히 보고 우리의 손으로 만진 바라
2 이 생명이 나타내신바 된지라 이 영원한 생명을 우리가 보았고 증언

하여 너희에게 전하노니 이는 아버지와 함께 계시다가 우리에게 나타내신바 된 이시니라

3 우리가 보고 들은 바를 너희에게도 전함은 너희로 우리와 사귐이 있게 하려 함이니 우리의 사귐은 아버지와 그의 아들 예수 그리스도와 더불어 누림이라

4 우리가 이것을 씀은 우리의 기쁨이 충만하게 하려 함이라

저는 이 구절을 읽고 묵상하고 외우고 하면서 너무 많이 울었습니다. 기노스코에서 이 말씀을 가지고 학생들에게 강해를 하고 훈련시킬 때, 훈련을 받던 한 리더 부부가 저를 찾아왔습니다. "목사님, 우리가 이 공동체 안에서 결혼을 했는데 아이를 임신해서 기형아 검사를 했더니 다운증후군이라고 합니다." 그러면서 왜 우리에게 이러한 어려움을 주셨냐고 우는 것입니다. 그때 저도 참 막막했습니다.

그런데 하나님께서 저에게 지혜를 주셨습니다. 그래서 그 부부에게 담대하게 말하였습니다. "너희들, 예수가 생명인 걸 믿느냐? 이 다운증후군이라는 것도 하나님이 창조하신 것이 아니라 죄 때문에 오랜 기간 동안 내려오면서 우리에게 나타난 증상 아니겠니? 예수가 생명이라면 그 죽어가는 요소를 살릴 수 있다. 이것을 믿느냐?" 그랬더니 믿는다고 대답 하였습니다. "믿는 대로 함께 기도하자" 그리고 60명이 되는 학생들에게도 선포했습니다. 예수가 생명이라면 이 태아도 고쳐주실 수 있다고 선포하며 함께 기도하였습니다.

몇 달이 지나고 그 부부에게 전화가 왔습니다. "목사님, 세브란스

병원에서 나오는 길인데요. 다시 태아 검사를 했는데 정상이라고 합니다." 너무 기뻤습니다. 그리고 정말 건강한 아이를 낳았습니다.

여러분, 저도 놀랐습니다. 저도 선포했지만 그렇게 고치시는 하나님의 역사하심을 보면서 너무나 놀랐습니다. '생명이라고 하는 것이 이런 거구나! 우리의 죽어가는 모든 것을 살릴 수 있음이 예수 안에 있는 생명이구나! 예수가 있는 곳에 생명의 역사가 정말 있구나!'

저는 예수 그리스도 이름 안에 모인 모든 단체들은 생명의 역사를 일으켜야 한다고 생각합니다. 왜냐하면 예수가 생명의 근원이시기 때문입니다. 예수가 생명을 주시기 위해 이 땅에 오셨기 때문입니다. 예수 생명 위에 기독교라고 하는 존재가 세워졌다면 기독교 모든 모임과 예배와 기도와 찬양 속에는 생명의 역사가 일어나야 된다고 생각합니다. 저는 이 예수 생명 운동을 죽을 때 까지 마음을 다하고 뜻을 다하고 목숨을 다해 할 것입니다. 왜냐하면 예수님께서 그렇게 목숨 바쳐서 우리에게 생명 주시기 원하셨기 때문입니다.

사도 요한은 예수님의 열 두 제자 가운데 가장 오래 살았던 사람이고 자연사했습니다. 그 제자는 예수님이 하신 일을 두 눈으로 똑똑히 보았던 사람입니다. 그리고 예수 안에 있는 생명이 어떻게 세상으로 퍼져나가는지를 경험했던 사람입니다.

그 사도 요한이 요한일서를 썼습니다. 예수님을 소개하고 싶었던 것입니다. 우리가 보았던 요한일서 1장 1절-4절까지도 사도 요한이 예수님에 관해서 이야기를 하고 있는데, 예수라는 말이 거의 나오질 않습니다. 그리고 3절에 예수라는 말이 나오기 전에 계속해서 예수를 설명했던 단어가 있습니다. 바로 '생명의 말씀'입니다.

사도 요한이 예수님을 소개하기 위해서 얼마나 많이 노력했을까요? 특별히 5장 밖에 안 되는 요한일서라는 책에서 예수님에 대해 가장 임팩트 있게 소개하고 싶었을 것입니다. 어떤 단어를 쓰면 사람들이 가장 임팩트하게 예수를 받아들일까? 그렇게 생각하고, 생각하다가 선택한 단어가 있습니다. 그것이 바로 '생명'입니다. 예수를 다른 말로 바꾸어도 전혀 손색이 없는 단어가 있는데 그 단어가 바로 생명이라는 것입니다. 왜 그렇습니까? 그 분이 생명을 주시기 위해 이 땅에 오셨기 때문입니다.

## 그리스도인의 삶의 표지 - 생명

예수님이 생명이라면 예수를 믿는 우리의 삶 속에서도 생명이 있어야 합니다. 그런데 예수를 믿는 우리 안에 생명이 있느냐는 것입니다. 예수님이 생명을 주시기 위해 이 땅에 오셨다는 사실을 인정은 하지만 내 삶은 죽어가고 있습니다. 이것은 내 안에 생명이 없기 때문에 죽어가는 것입니다. 생명이 없다는 말을 다시 말하면 예수가 없다는 것입니다.

생명이 있는 곳에서는 살아나는 역사가 일어납니다. 생명이 있는 곳에서는 회복의 역사가 일어납니다. 예수를 아무리 열심히 믿고 교회에 아무리 봉사를 하고 헌금을 해도 내 안에 생명의 역사가 없다면, 그것은 나의 믿음에 대해 다시 점검해보아야 할 것입니다. 예수를 믿은

지 10년이 되고 20년이 되었어도, 어떠한 직분을 맡고 있든지 간에 내 삶 속에서 생명의 역사가 일어나지 않는다면 나의 믿음에 대해 다시 점검해보아야 할 것입니다. 왜냐하면 우리가 믿고 있는 예수님은 이 땅에 생명을 주기 위해 오신 '생명 그 자체' 이시기 때문입니다.

지금 사도 요한은 너무나 강력하게 말하고 있습니다. "태초부터 있는 이 생명의 말씀에 관하여는 우리가 들은 바요 눈으로 본 바요 주목하고 우리의 손으로 만진 바라 이 생명이 나타나신바 된지라." 이 생명이 나타났다는 것입니다. 예수가 없이는 우리는 생명을 가질 수 없습니다. 죄 가운데 세상 가운데 허덕이다 죽을 수밖에 없습니다. 죽음의 그늘에서 사망의 열매만 맺다가 살 수밖에 없습니다. 그러나 이 생명이 나타났습니다. 이 생명을 받아들이고 믿고 확신하는 자는 생명을 누릴 수 있다는 것입니다. 요한이 이 부분을 강조하고 싶은 것입니다.

제가 여러분들에게 한번 물어보고 싶습니다. 마음속에 절대적인 평안이 있으십니까? 그렇지 않으면 내 안에 불안하고 어려운 마음이 있으신가요? 회색지대는 없습니다. 생명이 나를 주관하고 있느냐, 사망이 나를 주관하고 있느냐 둘 중 하나입니다. 제가 앞서 말씀드린 것처럼 예수 믿는다는 것은 교회만 왔다 갔다 하는 것도 아니며, 시간이 흘러 교회의 직분이 올라가면서 신앙이 자라는 것도 아닙니다. 예수 안에 있는 생명을 경험하는 것이 중요합니다.

요즘 전도가 안 된다고 아우성입니다. 왜 안 되는 줄 아십니까? 생명이 없는데 어떻게 생명을 흘려 내보내겠습니까? 억지로 사람을 끌고 오는 것이 얼마나 힘든지 모릅니다. 초대교회 기독교 역사를 보십시오. 교회를 부흥시키기 위해서 전도했었나요? 사람 끌어오기 위해서 전도했었나요? 그렇지 않습니다. 죽을 수밖에 없었던 나, 이 땅에서 전혀 소망이 없었던 내가 예수를 만나고 그 예수 안에 있는 생명을 경험하니 내 삶에서 죽어가는 요소들이 하나씩 둘씩 살아나는 것을 경험하였습니다. 그러니 너무나 기쁜 것이죠. 돈이 없어도 기쁘고, 모든 문제가 나를 틈틈이 에워싸도 기쁜 것입니다. 왜냐하면, 예수를 믿음으로 본질적인 죄의 문제가 해결되고, 사망에서 생명의 역사로 넘어갔기 때문입니다. 하나님이 태초에 나를 그렇게 만들어 놓으셨는데, 죄 때문에 이 모든 것이 무너졌지만 예수님이 오심으로 죽어가는 모든 것을 다시 생명으로 살리시는 것을 초대교회 성도들이 경험한 것입니다.

그러므로 내 삶에 죽어가는 부분이 무엇인지, 죽어있는 부분이 무엇인지, 예수 안에서 살아나야 하는 부분이 무엇인지 곰곰이 생각해보십시오. 예수를 믿는다는 것은 생명을 얻는 것입니다. 생명을 경험하는 것입니다. 그 생명을 지속적으로 누리는 것입니다. 예수님은 지금도 여러분에게 생명주시기를 원하십니다. 죽어있는 모든 사람들을 살리시기 원하십니다. 그것을 위해 예수님이 이 땅에 오셨습니다. 하나님은 생명을 누리지 못해 죽어가는 영혼들을 보시면서, 얼마나 마음 아파하시는지 모릅니다.

저희 아이들은 저 때문에 전학을 많이 다녔었습니다. 그런데 한참 사춘기 때 전학을 다니다보니깐 아이가 많이 민감해졌습니다. 친구를 잘 못 사귀고 왕따를 당했습니다. 한번은 저의 아내가 학교를 갔다 오더니 저를 보고 울기 시작했습니다. "여보, 아이들이 밥을 다 먹고 운동장에서 놀고 있는데 그제야 저희 아이들은 혼자서 도시락을 꺼내놓고 거기서 울면서 밥을 먹었어요." 딸의 그런 모습을 바라본 어미의 마음이 무너지기 시작했던 것입니다. "여보, 애를 어떻게 해주며 좋을까요?" 저도 그 말을 듣고 울었습니다. 내 자식이 그렇게 힘들게 울고 따돌림 당하며 살기를 원하는 부모가 어디 있겠습니까? 무엇을 해서라도 그 자식을 회복시켜주고 싶었습니다.

부모도 자식을 향해서 이런 마음을 가지고 있는데 하물며 하나님은 우리를 향해서 얼마나 많이 울고 계실까요? 내가 생명을 주기 위해 왔건만 그 생명을 누리지 못하고 있는 자녀들을 보며 얼마나 더 많이 울고 계실까요? 문제는 겹겹이 나를 에워싸도 예수 생명만 내 안에 있으면, 그 확신이 있다면 내 마음은 요동치 않고 생명의 풍성함을 누릴 수 있습니다.

이와 같이 예수를 만난다는 것은 생명을 누리는 것입니다. 예수가 생명이기 때문에 여러분의 삶 속에 죽어가는 모든 것이 살아나야 됩니다. 예수가 우리를 살릴 수 있다는 것을 믿으십니까? 죽어가는 모든 요소들을 회복시킬 수 있음을 믿으십니까? 모든 죽은 것은 죄 때문에 온 것입니다. 구약 4천년과 신약 2천년의 역사를 내려오면서 이 사회 속에 구조적으로 죽어가는 모습들이 많이 있습니다. 나도 모르는 사이에 내가 특별한 죄를 짓지 않았어도, 그 시스템 속에 있으면서 서서히 죽어가는 존재가 되어버린 것입니다.

눈을 뜨십시오. 영적인 눈을 뜨십시오. 그리고 죽어가는 나의 모습을 보십시오. 살려야지요. 이제 아버지 눈에서 눈물이 그만 흐르게 해

드려야 하지 않겠습니까? 여러분, 미루지 말고 이 시간부터 주님 앞에 구하십시오. 내 삶에서 죽어가는 모든 요소들이 살아날 수 있도록 해달라고 구하십시오. '생명의 근원 되신 예수여, 생명 주시기 위해 오신 예수여, 내 삶의 생명의 역사를 일으켜 주옵소서. 능력의 이름 예수, 권세의 이름 예수, 모든 강력을 파하는 예수, 생명 되신 예수여 나를 살려주옵소서.'

## Chapter 8.
## 생명을 누리라!

**요한복음 1:1-8**

1 태초에 말씀이 계시니라 이 말씀이 하나님과 함께 계셨으니 이 말씀은 곧 하나님이시니라
2 그가 태초에 하나님과 함께 계셨고
3 만물이 그로 말미암아 지은 바 되었으니 지은 것이 하나도 그가 없이는 된 것이 없느니라
4 그 안에 생명이 있었으니 이 생명은 사람들의 빛이라
5 빛이 어둠에 비치되 어둠이 깨닫지 못하더라
6 하나님께로부터 보내심을 받은 사람이 있으니 그의 이름은 요한이라
7 그가 증언하러 왔으니 곧 빛에 대하여 증언하고 모든 사람이 자기로 말미암아 믿게 하려 함이라
8 그는 이 빛이 아니요 이 빛에 대하여 증언하러 온 자라

앞 장에서 생명이라는 단어를 설명하기 위해 창세기에 나와 있는 타락과 그로 인하여 나타난 죽음의 영역들 그리고 그 안에서 생명이라고 하는 것이 무엇이며 왜 생명이 예수 안에 있으며 예수님은 왜 생명

을 나눠주기 원하셨는지 그리고 이 생명의 역사는 어떻게 일어나는 지에 대하여 제가 간략하게 말씀드렸습니다. 사도 요한은 예수님을 표현하기 위해 한 단어를 사용하였는데 그것이 바로 생명입니다. 예수라고 하면 생명이라는 단어가 가장 먼저 떠올라야 합니다.

## 생명을 누리는 교회인가요?

저는 교회가 20명이 모여도, 30명이 모여도 생명의 역사가 있는 교회가 세상을 바꾼다고 생각합니다. 숫자가 중요하지 않습니다. 제가 어느 교회에 집회를 가게 되었습니다. 그 교회가 개척한지 얼마 안 되서 3-40명 정도 모이는 작은 교회였습니다.

그런데 이 개척교회 목사님이 너무 미안해 하시며 집회를 부탁하시는 겁니다. "하도균 목사님, 저희 교회는 30명밖에 안 모이는데 괜찮으시겠어요? 그리고 장로교회입니다. 정말 괜찮을까요?" 라고 말씀하시며 계속 죄송해 하셨습니다. 그래서 저는 "괜찮습니다. 그런 말씀 하지 마세요." 라고 말씀드리고 기쁜 마음으로 그 교회에 갔습니다.

저녁집회 시간이 다가오고 목사님께서 말씀하신 대로 25명 정도 되는 성도들이 모였습니다. 그런데 집회를 시작하기 전에 담임 목사님께서 나오셔서 제 소개를 해 주시는데 우리 교회가 이렇게 작은데 귀한 목사님이 오셔서 너무 송구스럽다고 말씀을 하시는 것입니다. 그래서 제가 설교하기 전에 이렇게 말했습니다. "여러분, 교회가 작은 것이 창피하세요?" 그랬더니 성도들이 다 가만히 계셨습니다. 저는 마음이 너무 아팠습니다. "여러분, 교회가 작다고 왜 위축되십니까? 교회가 작은 건 결코 창피한 것이 아닙니다. 교회 안에 생명이 없는 것이 창피한 것입니다."

여러분, 이해되십니까? 교회가 30년, 40년 되고 천명, 만 명이 모인다 하더라도 교회 안에 예수 생명이 없으면 창피해야 하는 것입니다. 예수를 10년, 20년을 믿어도 기독교의 본질인 생명을 경험해보지 못한 것을 창피해 해야 하는 것입니다.

그 생명을 한번이라도 경험해 본 사람들은 그 생명의 맛을 알기 때문에 다시 무릎 꿇을 수 있습니다. 지금은 내가 생명이 없이 살아도 그 생명을 받고 누리면 회복될 수 있다는 것을 알고 있기 때문에 무릎을 꿇을 수 있습니다. 그러나 생명이 무엇인지 모르고 생명을 얻기 위해 어떻게 해야 하는지도 모르는 그것이 더 창피해야 하는 것 아닙니까?

제가 그 교회에서 이렇게 말했습니다. "여러분, 절대로 미안하다고 하지마세요. 그리고 절대로 창피하다고 말하지 마세요. 하나님이 여러분들을 사랑하세요. 여기 25명이 생명으로 가득 채워지면 여러분들을 통해 이 세상은 변화됩니다." 라고 말입니다. 그리고 3일 동안 저녁에만 가서 설교를 했는데 하나님이 굉장히 많이 역사하셨습니다. 그들의 마음을 만지시고, 생명의 풍성함을 누리게 하시는 것들을 보았습니다. 그 생명 안에서 저도 울고 그들도 울었습니다. 하나님이 이들을 어떻게 회복시켜 가는 지를 두 눈으로 보게 하셨습니다.

여러분, 예수를 믿는데 예수 안에 무엇이 핵심인지 모르는 것이 가장 창피한 것입니다. 교회 안에 생명이 없으면 세상의 계모임보다 못하다는 것을 명심하셔야 합니다. 기독교의 핵심은 생명입니다. 왜냐하면 예수가 생명 주시기 위해 이 땅에 오셨기 때문입니다.

그렇다면 우리는 이 생명을 어떻게 지속적으로 누릴 수 있을까요? 요한복음 1장 1절에서 8절까지의 말씀을 통해 살펴보도록 하겠습니다. 사도 요한만큼 예수님의 생명에 대해서 상세하게 기록한 사람이 없습니다. 이 생명이라고 하는 단어는 요한복음에서 가장 중요한 단어로 36회 이상 사용되고 있습니다. 사도 요한은 지속적으로 예수 생명을 이야기합니다. 그런데 우리가 읽었던 이 본문에서 이 예수님을 생명 외에 다른 두 가지 단어로도 설명하고 있습니다. 바로 말씀과 빛입니다. 요한이 예수님을 소개할 때 생명이라고 끝까지 일관해버리지 않고 왜 말씀과 빛을 사용하였을까요? 말씀과 빛은 과연 생명과 어떤 관계가 있는지를 좀 더 구체적으로 살펴보겠습니다.

### 예수 그리스도는 말씀, 빛, 생명이다

예수는 생명입니다. 우리에게 생명을 주시기 위하여 예수가 이 땅에 오셨습니다. 우리가 이 생명에 대해 깊게 알지 못했을 때는 "예수님, 생명을 주세요. 내 안에 죽어가는 많은 요소들이 있습니다. 그 생명을 주세요." 라고만 기도할 수 있습니다. 그런데 우리가 조금 더 한 단계 깊이 들어가 보면, 그 생명이 우리 안에서 어떻게 경험되어지는지 알 수 있습니다.

현재 우리는 예수님을 눈으로 볼 수도, 손으로 만질 수도 없습니다. 그렇다면 눈으로 볼 수 없고 만질 수도 없는 예수님을 어떻게 만나고 어떻게 생명을 얻을 수 있을까요?

여러분, 성경은 굉장히 깊이가 있는 책입니다. 그래서 적은 분량일 수 있지만 하나님의 영감 안에서 기록된 책이기 때문에 굉장히 체계적이고 구체적입니다. 사도 요한도 요한서신을 통해서 보이지 않고 만져지지 않는 예수 생명이 우리에게 적용될 수 있는지를 체계적으로 설명해주고 있습니다. 그는 요한복음 1장 1절에서 예수님을 말씀으로 표현하였습니다.

> 1 태초에 말씀이 계시니라 이 말씀이 하나님과 함께 계셨으니 이 말씀은 곧 하나님이시니라

요한이 예수님을 말씀으로 표현한 것은 그리스 철학의 로고스 개념과 관계가 있습니다. 그 당시 이스라엘에는 헬라 철학이 주류를 이루고 있었고 그 중 가장 중요한 개념으로서 로고스 사상이 있었습니다. 로고스는 '말씀', '이성' 이라는 뜻을 가지고 있습니다.

당시 헬라인들은 우주가 저절로 발생, 영속하는 것이 아니라 신적인 원리에 의해 형성, 유지되고 있다고 생각하였습니다. 그 원리가 바로 '로고스' 라는 것입니다. 그러나 성경은 창조주 하나님이 만물의 근원자로서 말씀으로 우주를 창조하셨음을 증거하고 있습니다. 때문에 요한은 성부 하나님과 함께 만물을 창조하사 그것을 다스리고 계시며

성육신하여 하나님의 말씀을 친히 증거하신 예수님이야 말로 '로고스'라고 설파한 것입니다.

그래서 요한은 이 로고스 개념을 가지고 와서 '너희는 로고스를 이 세상을 움직이는 최고의 동력으로만 생각하지만, 이 로고스는 신이시며 그 말씀이 바로 하나님이신 예수 그리스도다.' 라고 증거하고 있습니다. 이처럼 진리를 설명하는 데 있어서 '로고스' 라는 개념을 사용하고 있지만 헬라 철학이 말하는 로고스와 기독교가 말하는 로고스는 엄연히 다른 의미를 가지고 있는 것입니다.

### 예수는 생명의 말씀이다

복음서는 예수님의 행적을 기록한 글입니다. 그렇기 때문에 예수님이 항상 중심이고 핵심 키워드가 됩니다. 요한복음의 첫 장에서 태초를 얘기하고 있지만 이것은 예수님을 소개하기 위한 글입니다. 요한은 요한복음에서 예수님을 소개하기를 태초부터 계신 하나님이라고 말하고 있습니다. 예수님은 이 땅에서 육신을 입고 갑자기 태어나신 분이 아니라 그 분은 영원부터 계셨던 하나님이라고 소개하고 있습니다.

그러고 나서 로고스의 개념을 가지고 와서 예수님을 말씀으로 풀고 있습니다. "그 안에 생명이 있었으니 이 생명은 사람들의 빛이라(요 1:4)." 이것은 말씀이신 예수님 안에 생명이 있다는 것입니다. 다시 말해, 말씀 안에 생명이 있다는 것입니다. 예수님은 모든 구속사를 이루시고 구원을 완성하신 다음에 승천하셔서 올라가셨습니다. 그리고 이

제 우리가 예수님을 만날 수 있는 방법은 말씀에 있습니다. 바로 말씀이 예수 그리스도이기 때문입니다. 오늘 이 시간 이 시대에도 예수님은 승천하고 이 땅에 계시지 않지만, 생명의 근원되신 예수님을 말씀 안에서 만날 수 있다는 것입니다.

실제로 예수님이 이 땅에 오신 것도 말씀이 육신이 되어 인간의 몸을 입고 오신 것이며, 그 분의 이 땅의 삶도 말씀을 전하시는 것이었습니다. 이러한 예수님의 삶과 그 분의 말씀이 기록되어 있는 것이 바로 복음서입니다. 결과적으로 이 성경의 말씀은 사람의 말이 아니라 하나님의 신적인 말씀이라는 것입니다. 이 말씀은 갑자기 어떤 철학자가 묵상한 것을 기록한 것도, 오랫동안 자연을 관찰하다가 발견한 진리도 아닙니다. 성경 안에 기록된 이 말씀은 태초부터 하나님과 같이 계셨던 말씀이며, 그 말씀이 인간의 몸을 입고 이 땅에 오신 예수님이며, 예수님이 당신 자신을 인간들에게 나타내기 위해 선포하신 말씀이었습니다. 사도 요한이 예수님을 말씀으로 풀고 있는 이유가 바로 여기에 있습니다.

### 말씀을 통해 만나는 예수

기독교는 말씀의 종교입니다. 그리고 예수 중심의 종교라고 얘기할 수 있습니다. 왜냐하면 이 말씀 자체가 예수님이라고 성경에서 이야기하고 있기 때문입니다. 요한일서에도 '태초부터 있는 생명의 말씀에 관하여는(요일 1:1)' 라고 기록되어 있습니다. 즉, 예수님을 생명의 말씀으로 표현하고 있는 것입니다. 그래서 이 말씀이 선포 되어지는 곳에 기적이 일어나고, 이 말씀이 선포되어지는 곳에 눈물이 있고 하나님의 역사가 일어나는 것입니다. 암울했던 시대를 뚫고 깨어날 수 있는 가장 큰 힘은 하나님의 말씀입니다. 우리가 보지 못하고 만지지 못하지만 그 생명의 근원되신 예수님을 말씀으로 만날 수 있는 것입니다.

그 당시의 사람들이 사도 요한에게 "만약 예수가 있으면 좀 보여주세요. 예수가 어디 있습니까? 있다면 좀 만져보고 싶어요. 그래요, 당신의 논리대로 예수가 생명이라는 것을 우리가 믿어 보겠습니다. 예수가 생명이라고 칩시다. 그런데 그 생명 되신 예수를 어떻게 만나고 누리며 전할 수 있겠습니까? 그것에 대하여 한번 이야기해보십시오." 라고 물었을 것입니다.

사도 요한은 그와 같이 묻는 사람들에게 "예수님은 말씀입니다. 당신들이 말하는 헬라 철학의 로고스라고 하는 제 1의 원동력이 있지 않습니까? 당신들은 그것이 제1의 원동력이라고 이야기할지 모르지만 우리 기독교 안에서 그 말씀이 바로 하나님입니다." 라고 이야기하는 것입니다. 예수는 이미 승천하셨지만 그 분이 신적인 것을 버리고 육신의 몸을 입고 오셔서 외치고 들려주신 말씀이 있기 때문에 오늘 우리가 그 말씀을 통해서 생명의 근원되시는 예수를 만날 수 있다고 말입니다. 이것을 사도 요한이 요한복음 1장에서 말하고 있는 것입니다.

또 사도 요한은 요한일서 1장에서 "태초부터 있는 생명의 말씀에 관하여는 우리가 들은 바요 눈으로 본 바요 자세히 보고 우리의 손으로 만진 바라(요일1:1)." 라고 말하고 있습니다. 이것은 사도 요한의 시대에만 해당되는 것이 아니라 바로 오늘 이 시대에 살아가는 모든 사람들도 생명의 근원되시는 예수님을 듣고 보고 만질 수 있다고 하는 것입니다. 어떻게 이것이 가능합니까? 바로 말씀을 통해서입니다. 나 자신이 정말 죽어가고 있고 내가 살아야겠다는 절실한 절박함이 있다고 한다면 이것만큼 기쁜 소식이 없을 것입니다. 이것이 은혜입니다. 가장 불쌍한 사람은 내가 지금 죽어가고 있는 데 죽어가는 지를 모르고 있는 사람입니다. 내가 죽어가는 걸 모르니 살리는 힘인 그 생명을 이야기해도 그 생명이 소중하게 느껴지지 않는 것입니다.

### 말씀이 깨달아지는 은혜

아무리 말씀을 선포해도 그것을 받아들이고 큰 은혜를 받고 생명을 경험하는 사람들이 있는 반면에, 그 말씀을 듣고 고개는 끄덕이지만 깨달아지지 않아서 그냥 돌아가는 사람들이 있습니다. 말씀에 능력이 있지만 그 말씀이 어떨 때 능력으로 다가오는지 아십니까? 그 말씀이 나에게 깨달아질 때입니다. 아무리 말씀이 내 안에 들어와도 깨달아지지 않으면 나에게 능력으로 다가오지 않습니다. 능력으로 다가오지 않는다는 것은 생명으로 경험되지 않는다는 것입니다. 그래서 이 말씀은 깨달아져야 합니다. 선포되는 말씀이 우리의 머리와 가슴 속에서 깨달아지는 은혜를 경험해야 합니다.

여기서 예수님을 왜 빛으로도 설명하고 있는지 알 수 있습니다. 빛이 비치면 모든 것이 드러납니다. 빛 속에서 우리의 어둠은 드러나게 되는 것입니다. 이 빛이 비친다고 하는 것을 다른 말로 표현하면 깨닫게 된다는 표현과 같은 의미입니다. 그렇기 때문에 말씀과 빛의 사역은 같이 갑니다. 말씀이 선포되어지는 곳에 빛이 비추어져 사람들의 어두움들을 드러내는 것입니다.

우리들이 말씀을 읽고 들으면서 경험해야 하는 것은 주님의 빛이 나를 조명하여 내 안에 있는 부패하고 더러운 부분들, 그리고 나도 알지 못했던 죄 된 뿌리들까지 드러나는 것입니다. 그리고 주님 앞에 그 죄 된 요소들을 가지고 나아가 다 내려놓아야 합니다. 주님 앞에 내려놓는다는 것은 바로 회개를 의미하는 것입니다. 이처럼 말씀의 빛이 내 안에 비추어져 나 자신이 어떤 존재인지가 깨달아질 때, 그리고 그것을 회개하고 돌이킬 때 생명의 역사가 일어나는 것입니다. 결국 말씀을 깨달을 때, 죄로 인해 죽어가는 요소들이 살아나는 역사를 경험할 수 있습니다.

### 생명 안에서의 절대적인 평안

제가 이전 장에서 생명이라고 하는 것은 죽어가는 모든 것을 살리는 힘과 능력이라고 말씀드렸습니다. 그런데 우리가 생명을 누리고 있는 것 같은데도 때로는 병도 걸리고, 문제가 해결 되지 않는 것을 보며 내 안에 생명이 없는 것은 아닌지 의심하게 될 때가 있습니다.

생명의 1차적인 의미는 죽어가는 모든 것을 살리는 힘과 능력입니다. 그런데 죽어가는 것을 살리는 것이 꼭 육체적인 것만은 아니지 않습니까? 가장 중요한 것은 우리의 영적인 부분과 정신적인 부분입니다. 우리의 영적인 부분 가운데 죽어있는 부분이 살아나고, 정신적인 부분 가운데 죽어있는 부분이 살아나면 그 안에서 오는 것은 첫 번째로 평안이고, 절대적인 기쁨과 감사입니다. 이것을 누리는 것이 더 크고 깊은 생명입니다.

나의 육신은 병이 들어 아플지라도, 내 안에 주님이 주시는 평안이 있다면 이 육신이 아픈 것은 전혀 문제가 되지 않습니다. 왜 그렇습니까? 바로 내 안에 평안과 기쁨과 소망이 있기 때문입니다. 이것이 더 깊은 차원에서 경험하는 생명의 역사입니다.

성경을 보면 위대한 그리스도인들도 병을 가지고 있는 사람들이 많았습니다. 바울 사도도 육체의 가시가 있었다고 고백하였습니다. 그렇게 생명을 전하고, 생명의 역사를 이루어갔는데 사도 바울에게는 질병이 있었습니다. 그렇다면 바울은 생명을 전했지만, 정작 자신은 생명이 없는 것입니까? 그렇지 않습니다. 바울에게는 더 큰 차원의 생명이 있었습니다. 바로 마음속의 평안이요, 주님이 주시는 절대적인 기쁨과 감사입니다.

그렇다면 사도 바울에게 평안이 있었다는 것을 어떻게 알 수 있습니까? 그가 로마로 압송되어 가는데 '유라굴로' 라는 큰 풍랑을 만나 배가 산산조각이 났습니다. 그런데 그 상황 속에서 바울이 죄수의 신분으로 그 많은 사람들에게 권면을 합니다. "자, 너희들은 걱정하지 말고 불안해하지 말라. 어제 밤에 주님이 나에게 나타나셨는데 너희가 죽지 않는다고 하더라. 평안하라!" 죄수가 오히려 다른 사람들에게 평안하라고 말을 합니다. 이것은 결코 세상의 이치로는 이해가 될 수 없는 상황입니다. 그러나 바울에게 절대적인 평안이 있었기에 가능한 일인 것입니다. 이것이 바로 사도 바울에게 생명이 있다는 증거입니다.

여러분, 생명의 가장 큰 특징이 무엇입니까? 사랑, 평안, 기쁨, 소망, 감사 등 입니다. 바로 이것들이 다 성령의 열매입니다. 전에 우리는 단순히 예수 안에 생명이 있다고 해서 그 생명 되신 예수만 불렀습니다. "예수여! 예수여! 나에게 오셔서 생명을 주옵소서. 내 안에 죽어가는 요소가 많은데 그 모든 것을 살리시옵소서." 라고 그 예수를 불렀습니다. 물론 이렇게 예수를 불러도 의미가 있고 하나님이 역사하시지만, 이 생명 되신 예수를 어떻게 하면 더욱 깊게 만날 수 있는지, 어떻게 내 안에서 그 생명을 누릴 수 있는지에 대하여 사도 요한은 좀 더 깊이 고민한 것 같습니다. 그래서 그가 기록한 요한서신을 통해서 수많은 이들이 예수 생명을 경험하고 있는 것입니다.

### 성경 안에 있는 빛 이야기

성경 안에서 빛의 개념은 굉장히 중요합니다. 성경에서 빛을 설명할 때 크게 세 포인트를 잡습니다. 첫 번째는 창세기 1장 3절입니다.

3 하나님이 이르시되 빛이 있으라 하시니 빛이 있었고

이것이 성경에서 최초로 나타난 빛입니다. 우리는 그냥 천지창조의 빛이라고 말할 수 있지만 이 말씀 안에는 함축적인 의미가 더 담겨 있습니다. 이 빛이 어디를 비추고 있습니까? 바로 어둠을 비추고 있습니다. 창세기 1장 4절에 보면 빛이 하나님이 보시기에 좋았더라. 하나님이 빛과 어둠을 나누사 하나님이 빛을 낮이라 부르시고 어둠을 밤이라 부르신다고 나와 있습니다.

빛이 만들어짐으로 상대적으로 드러난 것이 있습니다. 바로 어둠입니다. 이 세상이 어둠으로 가득 차서 어둠이라고 하는 본질 자체도 모르고 있었는데, 빛이 만들어짐으로 말미암아 어둠이라고 하는 것이 상대적으로 드러났던 것입니다.

두 번째로 빛이 굉장히 중요하게 설명되는 곳이 이사야 9장 2절입니다.

2 흑암에 행하던 백성이 큰 빛을 보고 사망의 그늘진 땅에 거주하던 자에게 빛이 비치도다

이사야 9장 2절이 나오기 전에 빛에 대한 예언들이 많았습니다. 이 당시 이스라엘 백성들은 빛이 의미하고 있는 것이 자기 백성들이라고 생각했습니다. 즉 이스라엘 백성을 빛이라고 생각한 것입니다. 그래서 하나님이 자신들을 선택하셨고 자신들을 통해서 이 세계를 움직여 가실 것이라고 자기중심적으로 해석하였던 것입니다.

그런데 이사야 선지자가 이 빛에 대한 개념을 완전히 바꿔놓습니다. 이 빛은 이스라엘이 아니라 앞으로 오실 메시아라는 것을 가르쳐

주고 있는 것입니다. 그러면서 그 빛 되신 메시아가 유대와 이스라엘만을 위한 메시아가 아니라 이방을 위한 메시아라고도 말하고 있습니다. 그래서 이사야 9장 2절에 나오는 '흑암에 행하던 백성'은 이스라엘도 포함되지만 궁극적으로 이방의 나라와 이방의 사람들을 이야기하고 있는 것입니다.

이것은 마태복음 4장에 보면 더 자세히 나와 있습니다. 스불론 땅과 납달리 땅과 이방의 갈릴리 즉, 이스라엘 변방에 있어 이방 땅이라고 불려 질 수 있는 그곳에서 예수님의 사역이 시작되면서 빛이 비치었다고 말씀하고 있습니다. 결국 예수님은 유대와 이스라엘만을 위한 분이 아니라 온 세상을 위한 빛으로 오신 분이심을 예언하고 있는 것입니다.

마지막으로 빛에 대해 가장 중요한 마지막 포인트가 고린도후서 4장 6절에 나옵니다.

6 어두운 데에 빛이 비치라 말씀하셨던 그 하나님께서 예수 그리스도의 얼굴에 있는 하나님의 영광을 아는 빛을 우리 마음에 비추셨느니라.

이것이 빛의 중요한 사역입니다. 창세기부터 나왔던 그 빛이 오늘날 우리 시대에 '우리의 마음을 비추는 빛'으로 비추어지고 있다는 것입니다. 이 빛은 말씀을 깨달을 수 있도록 우리를 비춰주시는 빛입니다. 창세기 1장에 나와 있는 빛, 이 빛이 비춰짐으로 어둠이 상대적으로 드러나고 빛이 비춰지는 곳은 낮이 되었듯이 우리 마음에도 그 빛이 비춰져서 우리의 어둠을 드러내게 하신다는 것입니다. 결국 이 빛의 개념을 사도 요한은 알고 있었던 것입니다. 그래서 예수님을 말씀과 빛으로 소개하고 있습니다.

빛이 있는 곳에는 깨달음이 있습니다. 이 말씀이 깨달아지지 않으면 내 것이 되지 않습니다. 말씀이 은혜가 된다고 하는 것은 내가 듣고 싶어 했던 말을 듣는 게 아니라, 내가 전혀 기대하지 않았는데 말씀이 부딪혀서 가슴 판에 새겨지는 것입니다. 즉, 말씀이 빛으로 역사해서 그 말씀 가운데 내가 노출되는 것입니다. 내 자신이 그 빛에 낱낱이 드러나는 것입니다. 그리고 '내가 이런 존재였구나, 그런데 하나님이 이것을 원하시는구나.' 라고 깨달아지기 시작하는 것입니다. 이와 같이 말씀이 내 것으로 깨달아져야 말씀 안에 있는 생명이 내 안에서 누려지기 시작합니다. 그 놀라운 생명의 역사가 바로 절대적인 평안, 절대적인 감사, 절대적인 기쁨인 것입니다.

옛날에 이런 찬양이 있었습니다. '내 맘속에 있는 참된 이 평안은 누구도 빼앗을 수 없네. 주님은 내 맘에 구주되시었네. 오 주 없이 살 수 없네. 오 주 없이 살 수 없네. 오직 주님만 구원했네.' 여러분, 평안이라고 하는 것은 기독교인의 표지입니다. 예수를 믿는다면 평안이 있어야 합니다. 예수 믿는다고 하는 것은 교회만 드나드는 것이 아니라 예수를 받아들이고 신뢰하며, 그 예수를 전적으로 붙잡는 것입니다. 그래서 생명 되신 예수를 내 안에서 경험하며, 세상이 줄 수 없는 평안과 기쁨을 누리며 살아가는 것입니다.

## 군대에서 경험한 생명이야기

제가 군대 이야기를 하나 해드리겠습니다. 제가 몸이 좋지 않아 방위를 나왔습니다. 방위는 4주 기초 훈련을 받는데 이 4주 훈련이 저에게는 몸이 이겨내기 힘들 정도로 고통스러웠습니다. 몸이 건강하면 괜찮은데 제 몸이 건강하지 못했기 때문에 더 힘들었던 거 같습니다. 조교들이 한참 훈련을 시키다가 중간 중간에 훈련병들에게 시키는 것이 있었는데, 하늘을 향해서 욕설로 30초 동안 소리를 지르라는 것입니다. 그러면 세상에서 들어보지도 못한 가지각색의 욕들이 다 터져 나왔습니다. 저는 그 시간이 너무 싫었습니다.

군대를 가기 전 저는 신학대학원 1년 차 중 막내였습니다. 군대를 가지 않고 곧바로 대학원에 진학했기 때문에 동기들 중 제가 나이가 가장 어렸습니다. 입대를 앞두고 막내가 군대를 간다고 하니까 형님들이 저를 환송해 주겠다며 저를 불러내었습니다. 저는 굉장히 기대를 했습니다. 동생이 군대를 가니까 무언가 선물도 사주고 굉장히 위로해 줄 것을 기대하고 있었습니다. 그런데 형들이 저를 가운데 두고 둘러서더니 갑자기 손을 내밀면서 찬송을 불러주는 것입니다. 불러주는 찬송이 '평안을 너에게 주노라' 였습니다. 저는 크게 실망하였습니다. 그런 저의 속마음도 모르고 형님들은 막 울기 시작하였습니다. 저는 실망한 마음을 애써 감추고는 형님들에게 고맙다고 인사를 하고 그렇게 환송회를 마쳤습니다.

그리고 군대를 들어갔습니다. 처음으로 세상과의 단절이었습니다.

저를 사랑하는 부모님과도 단절되었습니다. 그 누구도 저를 따라 훈련소로 들어올 수 없었습니다. 그런데 그때 놀라운 것을 발견하게 되었습니다. 그 훈련소에 저를 따라와 주신 분이 계셨던 것입니다. 바로 주님이십니다. 군대 밖에 있으나 안에 있으나 동일하게 그 분은 저와 함께 계셨습니다.

생활이 너무 힘들고 몸이 아파 취침하기 전에 기도를 합니다. 그러면 주님이 찾아오셨습니다. 그 주님이 찾아오시는 것을 마음속에 한없이 밀려드는 평안과, 제 눈에서 흐르는 감사의 눈물을 통해서 경험할 수 있었습니다. '주님은 이 군대 안까지도 나를 찾아오시는구나. 주님은 아무리 울타리를 쳐놓고, 높은 담이 가로막혀 있어도 날 찾아오시는구나.'

그런 생활 가운데 훈련을 받다가 조교들이 30초 욕설 발사라고 말하면, 저는 그 욕설들 속에서 "하나님 사랑해요!" 라고 외쳤습니다. 하나님은 저의 외침에 아무 말씀도 안하셨지만 제 마음속에 느껴지는 평안이 있었습니다. '도균아! 내가 너를 사랑한다!' 라는 주님의 음성을 들은 것도 아닌데, 제 안에서 일어나는 평안 말입니다. 그 순간 형님들이 선물해준 평안이 얼마나 귀한 것인지 새롭게 깨닫게 되었습니다.

절대적인 평안! 이것이 바로 그리스도인의 표지입니다. 내 안에 생명이 있다고 하는 증거입니다. 어떤 사람은 몸이 아파도 마음속이 평안합니다. 아니 예수를 믿고 그렇게 봉사했는데 얻은 게 병 밖에 없다면서 그래도 평안합니까? 네, 평안합니다. 진짜 평안이 있는 사람은 어떠한 상황 가운데에서도 성자처럼 행동하며 말할 수 있습니다. 이것이 예수 생명의 역사입니다.

그런데 놀라운 것은 내가 그 평안을 누리고 있으면 그 평안이 영향력 있게 흘러간다는 것입니다. 그리고 세상으로부터 '저 사람은 그렇게 열악한 상황 속에서도 어떻게 평안할까?' '저 사람은 왜 저렇게 기뻐하고 감사할까?' 하는 궁금증을 불러일으키기 시작합니다. 이것이 바로 초대교인의 특징이었습니다. 그래서 베드로전서에 보면 '만약에 세상 사람들이 너희 안에 있는 소망에 관한 이유를 묻거든 대답할 준비를 하고 다니라'고 하였습니다.

이렇게 세상 사람들이 그리스도인들을 보면 이해가 되지 않는 부분들이 있었습니다. 집과 땅을 모두 팔았을 뿐만 아니라 잡히면 죽을 수 있는 상황인데도 불구하고 예수를 믿고 있습니다. 게다가 아무리 힘들고 어려워도 그들만이 가지고 있는 평안이 있습니다. 기쁨이 넘쳐납니다.

이 세상에 살기 때문에 필연적으로 우리는 아플 수 있고, 연약함을 가지고 밑바닥으로 떨어질 수도 있습니다. 하지만 그 생명의 풍성함이 내 안에 누려질 때 어떠한 상황 속에서도 성도는 흔들리지 않을 수 있습니다. 시편의 기자가 '주여, 나로 요동치 않게 하소서'라고 했던 것처럼 말입니다. 이처럼 내 안에 생명이 가득 있을 때 요동하지 않습니다.

그런데 이 진리를 모르고 나의 의지로 요동하지 않으려고 하면 결국에 화가 납니다. 억지로 하지 마시기 바랍니다. 전도도 마찬가지입니다. 예수 안에 있는 생명을 경험하고 그 생명을 지속적으로 누리기 시작하면, 그 사람은 자연적으로 전도를 하게 되어있습니다. 봉사하라고, 헌금을 내라고 이야기할 필요가 없습니다. 생명이 누려지면 내 안에 있는 것들 다 내어놓을 수 있고, 주를 위해 봉사하고 헌신할 수 있습니다. 저는 이 생명을 여러분들 안에서 풍성히 누려질 수 있기를 원합니다.

### 누린 자는 외칠 수 있다

'빛 되신 주 어둠 가운데 있는 나를 비추시옵소서.' 그런데 빛이 비춰진다는 것이 무엇을 의미한다고 했습니까? 바로 말씀이 깨달아지는 것을 말합니다. 말씀이 누구십니까? 예수님이십니다. 그 분은 하나님이셨는데 육신의 몸을 입고 이 땅에 오셨습니다. 그래서 그 예수님이 외치신 말씀은 어떤 것 하나라도 사람의 생각에서, 관념에서 나온 것이 아닙니다. 태초부터 가지고 계셨던 하나님의 계획과 말씀을 선포해 주신 것입니다. 결국 이 성경은 하나님이 빛을 비추어서 감동된 사람들을 통해서 모든 것이 기록된 것이기 때문에 이 말씀 자체가 곧 하나님이십니다.

그런데 중요한 사실은 이 말씀이 객관적이라는 것입니다. 이 말씀은 진리인데, 진리는 객관적인 내용이어야 합니다. 그렇다면 이 객관적인 말씀이 주관적인 나의 말씀이 되어져야 합니다. 이를 위해서 필요한 것이 바로 말씀에 대한 깨달음입니다. 이 깨달음은 말씀 안에 있는 빛이 나에게 조명되어, 그 빛 안에서 나의 실체가 낱낱이 드러나면서 알게 되는 것입니다. 누가복음 3장 1~2절을 찾아보겠습니다.

1 디베료 황제가 통치한 지 열다섯 해 곧 본디오 빌라도가 유대의 총독으로 헤롯이 갈릴리의 분봉 왕으로 그 동생 빌립이 이두래와 드라고닛 지방의 분봉 왕으로 루사니아가 아빌레네의 분봉 왕으로
2 안나스와 가야바가 대제사장으로 있을 때에 하나님의 말씀이 빈 들에서 사가랴의 아들 요한에게 임한지라.

세례 요한은 말라기 선지자 이후로 예수님이 오시기 전까지 중간기라고 하는 영적 암흑기 400년을 뚫고 나온 선지자입니다. 하나님의 말씀과 계시 없이 400년을 살았다고 하면 그 마음이 얼마나 굳어져 있었겠습니까? 그런데 그 굳어진 마음을 한 번에 깨뜨리는 사람이 등장합니다. 바로 세례 요한입니다. "회개하라! 천국이 가까이 왔느니라!" 그때 사람들이 회개하고 세례를 받았습니다. 이것이 말씀의 능력이며, 세례 요한의 메시지에 능력이 있었다는 것입니다.

성경에 이사야 40장, 말라기 3장, 말라기 4장 총 세 곳에서 세례 요한에 대한 예언이 등장합니다. 그런데 이미 구약성경에 세례 요한이라는 사람이 나타나서 예수님의 길을 예비할 것을 예언하고 있기 때문에, 세례 요한이 무조건 외치기만 하면 능력이 나타나는 걸로 오해하는 사람들이 있습니다. 그렇지 않습니다. 400년의 암흑기를 뚫기 위해 세례 요한에게 준비된 것이 있었습니다. 바로 말씀입니다. 그래서 성경에 '빈들에서 하나님의 말씀이 사가랴의 아들 요한에게 임한지라' 라고 나와 있습니다. 세례 요한에게 객관적인 하나님의 말씀이 주관적인 자신의 말씀으로 받아들여지기 시작한 것입니다. 아무리 성경 말씀이

좋고 은혜가 있어도 이 말씀이 나에게 부딪혀서 나를 깨우치는 말씀이 되지 않으면, 삶의 변화도 생명의 역사도 일어나지 않습니다.

그런데 세례 요한에게는 그 말씀이, 말씀을 통한 그 생명이 경험되어진 것입니다. 세례 요한은 본격적인 사역을 하기 전에 빈 들 즉, 광야에 머물렀습니다. 이 광야라고 하는 것이 히브리어로 '미드바르' 라고 하는데 이 '미드바르' 라고 하는 단어는 '하나님의 말씀이 있는 곳' 이라는 뜻을 가집니다. 즉, 광야는 하나님의 말씀이 있어 그 분을 만나는 장소라는 것입니다.

성경의 위인들 중 많은 사람들이 광야에서 하나님을 만나는 훈련을 하였습니다. 광야는 어떤 곳입니까? 세상과 단절된 곳입니다. 세상과 단절되었기 때문에 무엇을 합니까? 하나님께만 집중하게 됩니다. 광야에서 어려운 일을 만나고 힘든 일을 경험하게 되었을 때, 도와줄 수 있는 사람이 있을까요? 없습니다. 그래서 어떻게 합니까? 이제는 죽기 아니면 살기로 하나님께 부르짖습니다. 그러면 하나님이 말씀으로 그들을 만나주십니다. 그런데 더욱 놀라운 것은 그 말씀으로 만나주실 때, 나로 하여금 어떠한 체험도 주시지만 그 만남의 경험이 나로 하여금 하나님의 사람으로 더욱 세워 가신다는 것입니다. 세례 요한은 광야에서 그 훈련을 반복적으로 했습니다.

하나님의 말씀이 경험될 때 나오는 것이 무엇인지 아십니까? 바로 눈물입니다. 세례 요한은 그 생명이 경험되어지기 시작하니까 가만히 있을 수 없었던 것입니다. 그래서 400년 동안 하나님의 소리를 듣지 못했던 백성들에게 나아갔습니다. 그런데 이 백성들은 무서운 백성들입니다. 유대인들은 특히 종교적인 이야기를 할 때 자기와 맞지 않으면 어떤 꼬투리를 잡아서 돌을 던져 사람을 죽이기도 하였습니다. 그렇기에 세례요한은 자신의 목숨을 걸고 그들 앞에 서야 했을 것입니다. 그리고 나서 그들에게 회개하라고 외친 것입니다.

400년 동안 영적 어둠이 짙게 드리워졌지만 세례 요한은 그 어둠의 시간을 뚫고 담대하게 회개하라고 외쳤던 것입니다. 그랬더니 이 백성들이 가슴이 찔려 울면서 회개하기 시작했습니다. 이것이 무엇입니까? 세례 요한을 통하여 생명이 흘러간 것입니다. 왜냐하면 세례 요한이 말씀을 통해 그 생명을 먼저 경험하였기 때문입니다.

### 깨달아지는 역사가 우리 안에 있어야 한다

말씀을 정리하겠습니다. 이전 장에서 우리는 생명이라는 개념에 대해 살펴보았습니다. 기독교는 생명의 종교이고, 예수 믿는 것은 생명을 경험하는 것이며, 생명이 없으면 예수를 잘못 믿는 것이라고 말씀드렸습니다. 그래서 우리에게 생명이 있어야 하기에 생명에 대해서 말씀드렸습니다.

두 번째로 이 생명은 말씀이 나에게 부딪혀서 깨달아질 때 드러난다고 말씀드렸습니다. 전에는 생명을 이야기하지 않고 생명의 개념이 없었어도 그냥 말씀을 강조하다가 은혜를 받고 빛을 강조하다가 은혜를 받았습니다. 학생들도 찬양을 하다가 감동이 되어선지 회개를 합니다. 그런데 놀라운 것은 우리가 생명에 강조점을 두고 말씀을 바라보게 되었을 때, 결국은 그 말씀과 부딪히는 역사, 빛의 깨닫게 하는 역사를 통해서 생명이 흘러가고 있다는 사실을 명확하게 발견할 수 있었습니다.

말씀을 통하여, 빛의 조명을 통하여 내가 깨어지고 회개하고 은혜받는 일이 생긴다면 그것은 생명의 역사입니다. 생명이 나에게서 누려지기 시작하는 것입니다. 그것을 가장 잘 설명하고 있는 말씀이 바로 요한복음 1장 1절-9절까지의 말씀입니다. 예수 안에 생명이 있는데 이 생명을 말씀과 빛 안에서 어떻게 조화를 이루고 있는지를 우리에게 가르쳐주고 있기 때문입니다.

아무리 말씀을 들어도 깨닫지 못하면 소용이 없습니다. 그렇기에 설교자의 역할은 청중들이 그 말씀을 들음으로 깨어질 수 있도록 하는 것입니다. 이 말씀이 빛으로 각 사람을 비출 수 있도록 해주어야 합니다. 그 빛 아래서 깨달음이 있어야 하고 회개가 터져 나와야 하고 그 안에서 깊이 있는 생명의 역사를 경험하도록 이끌어주어야 합니다. 그래서 저는 기도합니다. '주님, 말씀이 깨달아지게 하시옵소서! 말씀의 빛을 비추어 주옵소서! 이 선포된 말씀이 우리 심령에 부딪히게 하옵소서!' 그때 말씀을 경험한 자들의 삶 속에서 예수 생명의 역사가 시작될 것입니다. 그 놀라운 말씀의 역사, 빛의 역사, 생명의 역사가 우리 가운데 지속되길 소망합니다.

## Chapter 9. 생명을 흐르게 하라!

**요한복음 1:6-8**

6 하나님께로부터 보내심을 받은 사람이 있으니 그의 이름은 요한이라
7 그가 증언하러 왔으니 곧 빛에 대하여 증언하고 모든 사람이 자기로 말미암아 믿게 하려 함이라
8 그는 이 빛이 아니요 이 빛에 대하여 증언하러 온 자라

기독교는 생명의 종교라고 말씀드렸습니다. 그래서 생명이 없는 기독교는 더 이상 기독교이지 않고 계모임과 다를 바가 없다는 이야기를 했습니다. 그리고 예수가 이 땅에 오신 궁극적인 목적은 생명을 주시기 위해서 오셨다고 말씀드렸습니다. 성경은 지속적으로 이 생명에 대해서 이야기하고 있습니다. 이 생명이 있는 곳에는 죽음이 사라집니다. 생명이 있는 곳에는 죽고 시들어져가는 모든 것들이 다시 회복되고 살아나는 역사가 있습니다. 그러하기에 교회의 주인이 생명 되신 예수 그리스도라고 한다면, 교회 안에는 날마다 살아나는 역사가 있어

야 합니다.

그런데 오늘날 한국교회를 돌아보면 정말 이 생명이 힘을 잃고 죽어가는 모습들을 많이 볼 수 있습니다. 그래서 제가 감히 묻고 싶은 것은 그러한 교회의 모습이 진정으로 예수를 주인으로 삼고 있는 교회 공동체의 모습이냐는 것입니다. 진정한 기독교인이라고 한다면 먼저 내 안에 생명이 있어야 합니다. 이 생명이 불타올라 죽어가는 모든 것들을 살릴 수 있는 영향력을 이 세상 가운데 흘려보낼 수 있어야 합니다. 5년을 믿고 10년을 믿어도 그 안에 생명이 없으면 아무 소용이 없습니다. 예수를 헛되이 믿은 것입니다. 왜 예수를 믿는다고 하십니까? 그 예수를 통해서 얻고자 하는 것이 있으십니까? 돈? 건강? 관계? 아니면 예수 믿고 내가 얻어야 할 것이 무엇입니까?

### 그리스도인이라면 지속적으로 누려야 할 생명

성경은 우리에게 예수님이 오신 목적에 대해서 분명히 언급하고 있습니다. 예수는 이 땅에 생명을 주기 위해, 그리고 그 생명을 더욱 풍성히 누리게 하기 위해서 오셨다고 말씀합니다. 그래서 이 생명은 예수를 믿고 구원받음으로 한번 경험하고 끝나버리는 생명이 아닙니다. 분명히 예수를 믿고 영생을 얻어 천국에 갈 확신은 있는데, 지금 내 삶에서 죽어가는 요소들이 살아나는 역사가 일어나지 않는다면 내 신앙에 뭔가 문제가 있다는 것입니다. 왜냐하면, 이 생명은 한번 누리고 마는 것이 아니고, 지속적으로 우리 안에서 누려질 수 있기 때문입니다. 그런데 왜 우리가 이 생명을 누리지 못하고 있는 것입니까?

그동안 저는 이렇게 생각했습니다. 나는 영생을 받았고, 이제는 하나님이 저 천국에 데려가실 때까지 이 땅에서 해야 할 일은 그저 신앙의 성장을 이루어서 그리스도의 장성한 분량까지 이르면 된다고 말입니다. 그런데 신앙생활을 하면 할수록 제 안에 율법과 복음이 뒤범벅이 되는 경우를 봤습니다. 분명히 구원은 저의 자격이나 공로로 받은 것이 아니라, 예수를 통하여 주님의 은혜로 받았다는 것은 알고 있습니다.

그런데 저는 그리스도의 장성한 분량까지, 예수를 꼭 닮은 데까지 나가기 위해 은혜를 구하지 못했습니다. 오히려 율법이 저를 지배했습니다. 무엇을 행하고 얼마만큼 기도를 했는지 여기에 초점을 맞추고 있었던 것입니다. 그러다 보니까 저의 삶이 점점 힘들어지기 시작했습니다. 율법이 나쁜 것은 아닙니다. 왜냐하면 율법은 우리에게 기준을 주기 때문입니다. 그런데 저는 그 율법대로 살지 못하기 때문에 힘들고 어려웠던 것입니다. 저는 이 율법적인 요소 때문에 제 신앙이 성장하는 것으로 착각하였던 적이 있었습니다. 그런데 신앙이 성장하는 것은 율법을 통해서가 아니었습니다. 결론적으로, 그리스도의 장성한 분량으로 성장하는 것은 예수의 생명을 지속적으로 누리는 데에서 가능한 것입니다.

여러분도 예수님 때문에 돈, 권세, 그 이상의 어떤 것들이 없어도 기쁘고 감사하고 평안하고 이 세상의 모든 것들을 다 얻은 것과 같은 경험들이 있었을 것입니다. 그것이 바로 생명의 경험들입니다. 그런데 왜 지금은 그러한 경험들이 중단되었습니까? 그 경험은 구원 받았을 때 일회적으로만 경험하고 끝나는 것입니까? 결코 그렇지 않습니다. 요한복음 5장 24절을 보겠습니다.

24 내가 진실로 진실로 너희에게 이르노니 내 말을 듣고 또 나 보내신 이를 믿는 자는 영생을 얻었고 심판에 이르지 아니하나니 사망에서 생명으로 옮겼느니라.

이 말씀에서 예수님은 당신의 말을 듣고 또 당신을 보내신 이를 믿는 자는 무엇을 얻었다고 말씀하고 있습니까? 바로 '영생'입니다. 생명이라는 단어를 쓰지 않고 영생이라는 단어를 썼습니다. 이 '영생'이라는 말은 일회적인 생명이 아니라, 영원히 지속된다는 연속성을 가지고 있습니다. 다시 말해서, 영원히 누릴 수 있는 생명이라는 것입니다. 그런데 그 뒤에 '심판에 이르지 아니하나니 사망에서 생명으로 옮겼느니라.'라고 나와 있습니다.

이 부분은 영생이라고 하는 단어 대신 생명이라는 단어를 썼습니다. 이것은 예수를 믿는 자는 사망과 죽음이 아닌 생명의 상태에 있다는 것을 강조하기 위해서 쓴 표현입니다. 그래서 영생과 생명은 같은 말입니다. 단지 차이가 있다면 생명은 한순간의 그 현상이나 그 상황을 설명해 주는 것이라고 한다면, 영생은 그 생명이 누려지는 순간이 지속되고 있음을 강조해주는 말입니다.

저는 여기에서 굉장히 중요한 것을 깨달았습니다. 왜 우리가 예수를 믿고 구원의 확신이 있는데도 내 안에 죽어가는 요소들이 회복되고 살아나는 역사가 희미해져가고 있는지 말입니다. 그것은 구원 받았을 때처럼, 우리의 삶 가운데 예수를 전적으로 신뢰하고 의지하지 못하기 때문입니다. 그러므로 여러분 안에 영생이 있음을 믿으십시오. 영생이 있다는 것은 우리 안에 예수의 생명이 있다는 것을 말합니다. 그런데 이 생명은 내가 구원 받았을 때 한번만 나를 살리고 마는 것이 아니라, 지속적으로 나를 살릴 수 있는 힘과 능력이 되는 것입니다. 이것이 영생입니다. 요한일서 5장 13절을 보겠습니다.

13 내가 하나님의 아들의 이름을 믿는 너희에게 이것을 쓰는 것은 너희로 하여금 너희에게 영생이 있음을 알게 하려 함이니라.

지금 내 삶에 죽어져 가고 있는 부분이 있고, 무너진 영역들이 있다고 할지라도 내 안에 구원의 확신이 있다면 결국 생명이 있는 것이고, 영생이 있습니다. 생명의 씨앗이 있다는 말입니다. 이 생명이 다시금 활활 타올라서 내 삶을 지배하고 내 삶에 죽어가는 모든 요소들을 살릴 수 있도록 해주어야 합니다. 그래서 요한일서 5장 13절은 이것을 언급하고 있는 것입니다. "너희로 하여금 너희에게 영생이 있음을 알게 하려 함이니라."

사도 요한은 '너희들은 로마의 황제 숭배 사상이 만연한 시대 속에서도 황제를 거부하고 예수를 주인이라고 고백하며 생명을 얻은 자들이 아니더냐? 그런데 현재 너희들의 삶은 왜 그러느냐?'라고 이야기하는 것입니다. "너희 안에 영생이 있다." 이 말은 무엇을 의미합니까? 그 생명을 지속적으로 영원히 누리라는 것입니다. 영원히 누릴 수 있는 생명이 있는데 왜 그것을 믿지 못하고 누리지 못하고 그렇게 살고 있느냐는 것입니다. 생명이 없는 자는 생명을 얻어야 합니다. 그리고 생명이 있는 자는 그 생명을 누리면 됩니다. 이 생명이 누려져야 그 생명이 흘러갈 수 있습니다.

### 예수 안에 있는 생명을 믿으라

여러분의 교회 안에 생명이 있습니까? 성도들이 그 생명을 풍성히 누리고 계십니까? 그 생명은 교회의 외적인 모습이나 환경에 있는 것이 아닙니다. 교회의 구성원인 성도들 안에 있는 생명을 말하는 것입니다. 교회의 구성원인 성도들 안에 생명이 없고, 그리스도인의 삶 속에서 그 생명을 누리지 못하면 교회는 더 이상 소망이 없습니다. 세상은 국가의 기강이 흔들릴 수도 있고, 언제든지 무너질 수 있는 곳입니다. 이런 모습을 보고 울고 기도하고 소망을 불어 넣어주어야 할 사람들이 누구입니까? 바로 기독교인들입니다. 그런데 오히려 세상이 기독교인들을 걱정하며 기독교인들을 향해 손가락질하고 있습니다.

제가 다시 묻고 싶습니다. 교회에 과연 소망이 있는지 말입니다. 누구든지 힘들고 어려운 사람들이 와서 생명과 소망을 얻어야 할 곳이 교회입니다. 그런데 그 교회 안에 지금 생명이 있고 소망이 있느냐는 것입니다. 이것은 어느 특정 부류의 잘못을 말하는 것이 아닙니다. 교회 안의 한 사람 한 사람이 예수 생명을 온전히 누리지 못하는데 그 이유가 있다고 생각합니다. 예수님께서 이미 생명을 주셨는데, 왜 그 생명을 누리고 못하고 계십니까?

다윗의 장막 스캇 브레너 목사님이 요한복음 3장 16절을 가지고 만든 찬양을 보면 뒷부분에 "난 믿네 난 믿네 다시 사신 독생자 난 믿네."라고 계속 부릅니다. 저는 그 찬양을 들으면서 스캇 브레너 목사님이 무슨 의도로 '난 믿네'라고 지었을까하는 고민을 하게 되었습니다. 그래서 그 가사를 묵상하다가 그 가사가 예수를 믿지 않는 사람들에게만 적용되는 것이 아니라, 예수를 믿는 우리 자신에게도 적용된다는 것을 깨달았습니다. 왜냐하면 내 삶의 죽어가는 부분들은 내 안에 무너지고 있는 부분이 있다는 의미이기 때문입니다.

예수 믿고 구원의 확신이 있어도 내 삶에 죽어가는 요소들이 많이 있을 수 있습니다. 그렇기 때문에 그 사람의 삶이 엉터리라고 해서 그 사람이 구원의 확신이 없다고 단정 지으면 안 됩니다. 구원의 확신은 분명히 있는데 삶이 죽어져가고 있습니다. 그 사람이 다시 살아날 수 있는 방법이 무엇입니까? 구원받았을 때처럼 동일하게 예수님이 내 삶을 구원하실 수 있는 분이라고 인정하고 믿는 것입니다. 이것은 삶에 있어서의 구원입니다. 죽어가는 모든 것을 그 분이 살리시는 것입니다. 그래서 예수님을 나의 삶의 구원자로 믿기만 하면 죽어가는 요소들이 예수 생명으로 살아나는 구원의 역사가 일어납니다.

저는 이 찬양을 들으면서 지속적으로 그것이 깨달아지기 시작했습니다. 그리고 이 찬양을 부르기 시작했고 제가 생명을 강의하고 세미나를 진행하는 곳마다 이 찬양을 부르자고 했습니다. 그리고 아픈 곳에 손을 얹고 죽어가는 모든 것들을 떠올리면서 "예수를 믿으세요. 예수를 믿는다는 것은 교회를 나오는 것이 아니라 그 분을 전적으로 의지하고 붙잡는 것을 의미해요. 그 예수님이 나에게 모든 것을 살릴 수 있는 생명을 주시는 분으로 믿으셔야 합니다." 라고 이야기 하였습니다.

그리고 "예수님이 내 삶을 다시 살릴 수 있습니다. 내 삶의 죽어가는 모든 부분을 살릴 수 있습니다. 왜냐하면 나에게 이미 영생이 있기 때문입니다. 그러나 그 생명이 갇혀 있으면 나에게 온전히 영향을 미치지 못합니다. 그 생명이 다시 활활 타오를 수 있는 방법은 내 모든 것을 다시 주님께 맡겨 드리는 것입니다. 그래서 주님이 나의 삶을 만지시고 개입하실 수 있어야 합니다. 그때 예수님으로 인해 나는 다시 살 수 있고 회복될 수 있습니다." 라고 선포하였습니다. 그리고 이 찬양을 부르기 시작하는데, 놀라운 역사가 일어나기 시작하였습니다. 하나님께서는 믿음으로 간구하는 자에게 하나님의 역사를 경험하게 하셨습니다. 저에게 능력이 있는 것이 아니라 예수 안에 능력이 있기에 놀라운 회복의 역사가 일어난 것입니다.

여러분, 생명은 살리는 능력입니다. 중요한 것은 내가 믿느냐 믿지 않느냐, 내가 붙잡느냐 붙잡지 않느냐는 것입니다. 처음 예수를 영접할 때 사람들은 '내가 죄인이었습니다. 내 삶의 주인이 되어주세요.' 라고 고백하며 예수를 받아들이는데, 그 다음부터는 그때만큼 예수를 신뢰하지 못하는 것 같습니다. 그러니 생명을 얻었어도 그 생명이 내 안에서 누려지지 못하는 것입니다.

다시 한번 말씀드립니다. 우리의 삶 속에서 죽어가는 요소들이 있다면 나를 살리시는 예수를 꼭 기억하시기 바랍니다. 그리고 아픈 사람들은 아픈 부위에 손을 얹고 예수의 이름으로 기도하시기 바랍니다. 내게 생명주신 예수님을 다시 붙잡고 전적으로 신뢰하며 나갈 때, 생명의 역사가 내 삶 속에서 경험될 것입니다.

저는 그래서 요한복음 3장 16절로 만든 그 찬양을 좋아합니다. 어느 누구든지 예외가 없습니다. 죄가 마음속에 가득 찼던 사람이라도, 어제까지 하나님을 싫어하고 하나님께서 싫어하는 일을 하면서 평행선을 그은 사람이라고 할지라도, 바로 지금 이 시간 예수를 믿기만 하면 생명의 역사가 일어난다는 것입니다. 그리고 멸망하지 않습니다. 처음 구원받았을 때의 그 간절함을 가지고 예수를 다시 찾으시기 바랍니다. 예수를 다시 붙잡으시기 바랍니다. "예수님, 내 삶에 죽어가는 모든 부분을 살려주세요. 일으켜주세요. 회복시켜주세요. 이 모든 능력이 예수 안에 있음을 내가 믿습니다." 라고 간구합시다. 예수님께서 당신의 생명으로 우리를 살리실 것입니다.

### 생명의 메시지 - 회개하라!

앞 장에서 우리는 세례 요한에 대해 보았습니다. 그는 빛이 아니라 빛에 대해서 증거 하는 자였습니다. 생명을 나눠주는 자였습니다. 생명이 무엇인지를 전하는 자였습니다. 그런데 세례 요한이 생명을 어떻게 나눠주었습니까? 마태복음 3장 1~2절 말씀과 4장 17절 말씀을 보겠습니다.

1 그때에 세례 요한이 이르러 유대 광야에서 전파하여 말하되
2 회개하라 천국이 가까이 왔느니라 하였으니

17 이때부터 예수께서 비로소 전파하여 이르시되 회개하라 천국이 가까이 왔느니라 하시더라.

마태복음 4장 17절은 선포라는 의미에서 '케리그마'라고 하며, 이것은 예수님이 전하신 메시지의 가장 핵심적인 부분입니다. 그리고 공생애의 최초의 메시지이기도 합니다. 제가 지속적으로 언급했던 것처럼 예수님께서 이 땅에 오신 이유는 생명을 주시기 위해서입니다.

예수님께서는 이 땅에서 공생애의 첫 번째 메시지를 통해서 생명을 나눠주실 때 '생명이다. 받아라!' 라고 안하셨습니다. 그렇다면 무엇이라고 하셨습니까? 먼저 회개하라고 하셨습니다. 한국 교회가 생명을 잃어가고 있는 가장 중요한 이유는 회개에 대한 메시지가 줄어들고 있기 때문입니다. 회개가 없이는 생명이 없습니다. 왜냐하면 죄 때문에 생명이 깨어졌기 때문에 그렇습니다.

### 눈물의 메시지 – 회개하라!

하나님께서 저에게 이 메시지를 주실 때 참 많은 눈물이 났습니다. 그러면서 저에게 하나님이 깨닫게 하시는 부분이 있었습니다. 마태복음 4장 17절이 문어체이기 때문에 "회개하라, 천국이 가까이 왔다."라고 하는 말에 외치는 사람이 어떤 감정으로 어떻게 외쳤는지 우리는 잘 알 수 없습니다. 단순히 이 말씀이 명령체이니까 '회개하라!' 라고 명령하시는 것처럼 느껴집니다. 그런데 제가 이 말씀을 묵상하면서 '회개하라!' 라는 이 메시지는 눈물이 없이는 선포할 수 없는 눈물의 메시지라는 것을 깨닫게 되었습니다. 단순히 강력하게 누구를 정죄하는 메시지도, '너 회개해!' 라고 명령하는 것도 아니라는 것입니다.

회개는 헬라어로 '메타노이아'입니다. '메타노이아' 라는 단어는 단순히 내 잘못을 고백하는 차원이 아니라, 잘못된 나의 모든 삶을 돌이키는 것을 말합니다. 이것이 성경에서 말하는 회개입니다.

기독교 역사 가운데 부흥 운동이 일어났을 때, 그 부흥 운동은 회개의 운동이었습니다. 우리나라에서 1907년 대부흥 운동이 일어나기 전, 1903년부터 선교사들을 통해서 먼저 회개운동이 일어나고 있었습니다. 그리고 그 회개운동이 평양 대부흥 운동까지 이어진 것입니다. 당시 선포되는 회개의 메시지 앞에 무릎을 꿇고 주님께로 돌이킨 사람들은 생명을 얻고 너무나 기뻐했습니다. 결국 회개 운동이 생명 운동으로 연결된 것입니다.

생명을 전하며 생명을 나누는 일은 회개를 촉구하는 사역과 함께 해야 합니다. 그러나 함부로 회개하라고 해서는 안 됩니다. 왜냐하면 그것이 다른 이들을 너무나 쉽게 정죄하는 일이 될 수 있기 때문입니다. 세례 요한이 400년 동안 영적인 암흑기에 있었던 이 유대 사람들을 향해서 "회개하라 천국이 가까이 왔다." 라고 외쳤을 때 그 사람들이 가슴을 치면서 요단강 앞에 나와 세례를 받았던 이유는 그가 먼저 하나님 앞에서 회개한 자였기 때문입니다. 결국, 그 땅에 임한 회개운동은 빈들에서 임한 하나님의 말씀으로 자신이 먼저 새롭게 되는 회개와 받은 말씀 안에서 생명을 경험하는 세례 요한이 있었기에 가능한 것이었습니다.

한국교회에서 회개의 메시지가 줄어들고 있다는 것은 회개에 대한 말씀을 전하지 않기 때문만은 아닙니다. 물론 그것도 포함되지만 중요한 것은 생명을 경험한 자들이 그 생명의 경험 안에서 한 영혼을 보며 눈물을 흘리고 안타깝고 사랑하는 마음으로 외치는 소리가 없다는 이야기입니다. 단순히 값싸게 회개하라는 이야기가 아닙니다. 자신이 먼저 그 하나님의 말씀의 조명 아래서 자신을 비추어 보니 참 죄인이라는 것을 깨달은 것입니다. 그리고 외치는 것입니다. '회개해야 너희가 살 수 있다!'고 말입니다.

하나님이 찾아오셔서 소명을 주실 때 이사야는 뭐라고 하였습니까? '화로다, 내가 망하게 되었도다.' 라고 하였습니다. 왜 그렇습니까? 주님이 찾아오셔서 나를 비추시니까 자기 자신의 실체가 낱낱이 보이는 것입니다. 이처럼 주님의 빛 아래 자기 자신을 볼 때 회개의 역사가 일어나게 됩니다. 그리고 회개를 할 때 생명의 역사가 일어나게 됩니다.

하나님은 원래 우리를 생명이 충만한 존재로 만들어주셨습니다. 하지만 죄 때문에 그 모든 것이 깨어져 버렸습니다. 그러므로 이 생명이 다시 회복되기 위해서는 어떻게 해야 합니까? 바로 하나님 앞에 지은 죄를 회개해야 합니다. 나의 삶을 회개하고 죄에서 돌이켜야 합니다. 십자가 앞에 나아가 보혈로 죄를 씻어내고 죄 된 자아를 못 박는 것이 필요합니다.

제가 처음에는 예수 생명만 외쳤습니다. 그래도 역사가 일어났습니다. 그런데 말씀을 조금 더 깊게 묵상하다보니 이 생명이 어떻게 말씀과 빛, 회개와 십자가와 연결되는지 하나님께서 가르쳐 주셨습니다. 그래서 이 모든 것이 '생명'이라는 주제 아래 하나로 꿰어지는 경험을 할 수 있었습니다.

예수님은 세례 요한의 회개의 외침을 이어 받으셨습니다. 그리고 그 분은 색다른 말씀을 전한 것이 아니라 세례 요한을 통해서 외쳐진 생명의 메시지를 그대로 따르셨습니다. "회개하라! 천국이 가까이 왔느니라." 여러분, 남편이 속을 썩인다고 해서 속상해하지 마시기 바랍니다. 그 남편에게 회개하라는 담대한 메시지를 전할 수 있다면 그 가정은 회복됩니다. 그런데 회개하라고 말하기 전에 자신이 먼저 주님의 빛 아래에서 주님의 말씀을 경험하고 생명을 누리는 일들이 있어야 합니다. 그 빛 아래에서 영혼을 바라보면 그 영혼들이 불쌍하게 보이기 시작합니다. 영혼에 대한 긍휼한 마음이 있을 때 그 영혼에게 생명을 나누어주고 싶은 간절한 마음이 생기게 되고, 내 입술을 통해 온전한 생명이 흘러갈 수 있는 것입니다. 그러므로 단순히 예수만 믿으라고, 교회에 나오라고 말하는 것이 아니라 이제까지 죄 가운데, 죽음 가운데 살아왔던 당신의 삶을 주님께로 돌이켜야 한다는 메시지가 우리 안에 회복되어야 합니다.

### 생명을 누리고 생명을 흐르게 하라

저는 이 땅에 다시금 회개의 역사가 일어나기를 소망합니다. 이전에는 예수 때문에 눈물도 흘리고 헌신도 하며 기뻐하였습니다. 그리고 모든 것이 없다 해도 예수 한분이면 충분하고 생명을 누리며 살았는데, 지금은 그 예수를 잃어버리고 세상 속에 파묻혀 살아가고 있다면 이 시간 주님께로 돌이키시길 바랍니다.

회개하면 생명의 역사가 있습니다. 우리 안에 잃어버린 생명이 회복되면 돈이 없어도 만족할 수 있습니다. 문제가 산더미같이 쌓여 있어도 기뻐할 수 있습니다. 이 말씀이 진리라고 한다면 계속해서 우리의 마음 가운데 도전을 줄 것입니다. 그럴 때마다 무릎을 꿇고 주님께 구하셔야 합니다. 말씀의 빛으로 나 자신을 비춰달라고 기도하셔야 합니다. 그리고 말씀에 비춰진 자신을 바라보고 십자가 앞으로 나아가 회개해야 합니다. 그래야 살 수 있습니다. '주님, 제가 이러한 자입니다. 제 삶이 죽어가고 있습니다. 저를 용서해 주세요. 예수님의 피로 나를 씻어주십시오.' 이 회개운동이 있을 때 생명의 운동이 같이 일어나게 됩니다.

이 시간 이 글을 읽고 있는 여러분들이 세상을 향하여 회개하라고 눈물로 외칠 수 있기를 원합니다. 그래서 눈물의 선지자 예레미야처럼, 400년의 영적 암흑기를 뚫고 나왔던 세례 요한처럼, 이 땅 가운데 생명의 역사를 일으키는 하나님의 축복의 통로가 되시길 소망합니다.

눈을 뜨십시오. 영적인 눈을 뜨십시오.
그리고 죽어가는 나의 모습을 보십시오. 살려야지요.

사도 요한은 예수님을 표현하기 위해
한 단어를 사용하였는데
그것이 바로 생명입니다.
예수라고 하면 생명이라는 단어가
가장 먼저 떠올라야 합니다.

## Awakening, 영적대각성 ❷_생명을 누리고 생명을 흐르게 하라!

| | |
|---|---|
| 초판 1쇄 발행 | 2013. 7. 22. |
| 지은이 | 하도균 |
| 펴낸이 | 방주석 |
| 펴낸곳 | 도서출판 소망 |
| 주소 | (110-740) 서울 종로구 연지동 136-56 기독교연합회관 1309호 |
| 전화ㅣ팩스 | 02)392-4232 ㅣ 02)392-4231 |
| 이메일 | somangsa77@hanmail.net |
| 홈페이지 | www.peterhouse.co.kr |
| 출판등록 | 1977년 5월 11일(제 11-17호) |
| ISBN | 978-89-7510-402-2  03230 |
| 책값 | 뒤표지에 있습니다. |

ⓒ 이 출판물은 저작권법에 의해 보호를 받는 저작물이므로
무단 전재와 복제를 할 수 없습니다.

도서출판 소망은 기독교문화 창달을 위해 좋은 책 만들기에 힘쓰고 있습니다.

오직 성령이 너희에게 임하시면 너희가 권능을 받고
예루살렘과 온 유대와 사마리아와 땅끝까지 이르러 내 증인이 되리라 (행 1:8)